생각하는 힘
노자 인문학

생각하는 힘
노자 인문학

초판 1쇄 발행 2015년 3월 12일 **초판 30쇄 발행** 2023년 12월 27일

지은이 최진석
펴낸이 이승현

출판2 본부장 박태근
지적인 독자 팀장 송두나
디자인 이세호

펴낸곳 ㈜위즈덤하우스 **출판등록** 2000년 5월 23일 제13-1071호
주소 서울특별시 마포구 양화로 19 합정오피스빌딩 17층
전화 02) 2179-5600 **홈페이지** www.wisdomhouse.co.kr

ⓒ 최진석, 2015

ISBN 978-89-6086-797-0 03100

* 이 책의 전부 또는 일부 내용을 재사용하려면 반드시 사전에 저작권자와
  ㈜위즈덤하우스의 동의를 받아야 합니다.
* 인쇄·제작 및 유통상의 파본 도서는 구입하신 서점에서 바꿔드립니다.
* 책값은 뒤표지에 있습니다.

생각하는힘

EBS 〈인문학 특강〉 최진석 교수의 노자 강의 │ 최진석 지음

노자인문학

위즈덤하우스

2001년 12월《노자의 목소리로 듣는 도덕경》을 출간하고 나서 지금 까지 계속 듣는 말 가운데 하나가《도덕경》을 해설한 책이 아닌, 노 자의 사상을 쉽게 설명하고 일목요연하게 알려줄 수 있는 책을 쓰면 좋겠다는 것이었다. 마음은 있었지만 여차여차해서 그러질 못하던 차에 EBS 〈인문학 특강〉이라는 프로그램을 통해 대중과 노자 사상 에 대해 이야기를 나눌 기회를 가졌다. 또 이 방송 전에 노자 사상까 지 발전해나가는 중국 사유의 진행 과정을 〈매일경제신문〉에 연재 한 적이 있는데, 이 또한 대중과의 소통이라면 소통이리라.

　노자 사상을 두고 대중과 만났던 두 가지 경험을 묶은 결과물이 바 로 이 책이다. 이 책과 전작인《노자의 목소리로 듣는 도덕경》,《저것 을 버리고 이것을》, 이 세 권을 함께 읽는다면 노자 사상에 대해 보다 폭넓게 이해할 수 있을 듯하다.

* * *

이 책에는 두 가지 특징이 있다. 하나는 노자의 사상이 중국 사유의 역사적 발전 과정을 반영한다는 점이다. 노자의 사상을 역사를 초월한 보편적 의미와 가치가 있는 사유로 보는 경향이 있다. 즉 모든 시대를 초월해 신비스러운 영향력을 가진 어떤 것으로 보는 경향 말이다. 하지만 노자도 그의 "시대가 낳은 아들"일 뿐이다. 역사성을 초월하려고 한 사람도 아니다.

노자가 말한 '도道'는 신비스러운 우주의 기원이거나 깨달음의 절정으로서 나온 것이 아니다. 당대의 문제를 해결하려는 철학적 사유가 빚어낸 관념의 정화精華이다. 노자 사유의 중심인 '도'가 나오기까지 중국인들은 어떤 사유의 과정을 겪었는지 해명해보려 했다. 다시 말하면, 중국인 스스로 변화하는 세계에 적응하고 또 그 세계를 지배하는 최상의 전략을 어떻게 펼쳤는지를 살폈다. '불 – 기하학적 도형 – 혈연 – 상제上帝 – 덕德 – 도道'로의 진행 과정을 보여주려고 노력했다.

어느 단계에서는 인간 자신을 해석하는 중심 관념으로 '혈연'을 만들어 사용했고, 어느 단계에 와서는 '상제'까지도 만들어내었다. '덕'은 어떻고 '도'는 또 어떤가? 모두 시대의 문제를 건너가기 위해 만들어낸 것들이다. 아주 높은 차원에서, 지성적 레벨에서, 철학적 레벨에서. 노자의 사상이 당시 세계에서 포착한 시대 의식을 어떻게 해결하려고 했는지, 거기까지 오면서 중국인들은 어떤 과정을 거쳤는지를 구체적으로 그리고 역사적 사실을 토대로 설명해보았다. 철학이라고 해서 역사나 과학을 반영하지 못한다면 가끔 허언虛言이 될 수도 있기 때문이다.

주입식 교육에 길들여진 한국인들은 인문학을 단편적인 지식으로 외우기 바쁘다. 하지만 인문학을 공부하는 목적은, 단순히 인문적 지식을 습득하는 것이 아닌 '인문적'으로 사고할 수 있는 능력을 갖추는 데 있어야 한다. 노자가 무위자연을 이야기했다는 사실을 아는 것보다 '당시 노자는 어떻게 그런 생각을 하게 됐을까?'를 고민하는 것이 더 중요하다. 이 책에서는 지식과 정보 전달에 그치지 않고, '인문적 사고법'을 자연스럽게 익힐 수 있도록 하는 데 초점을 맞춘다. 그간 알려지지 않았던 노자 철학의 탄생 과정을 비롯해, 현대사회에 필요한 '인문적 사고의 힘'을 기르는 방법을 역사적 사건을 토대로 흥미롭게 풀어가려고 했다.

이 책의 두 번째 특징은 노자 사상의 기반 — 이것을 존재론적인 혹은 존재적인 기반이라고 해두자 — 을 비교적 자세히 설명한 점이다. 노자 사상의 존재적 기반은 그가 세계를 어떻게 이해했는지를 보여주고 있다. 바로 세계가 '관계'로 되어 있다고 본 점이다. 그는 이것을 '유무상생有無相生'이라고 말했다. 노자의 관계적 세계관을 좀 제대로 이해시켜드릴 요량으로 불교나《주역》의 이론들을 가볍게, 아주 가볍게 끌어오기도 했다.

노자의 '도'를 여전히 실체나 본체로 이해하는 사람들은, 그것을 '유무상생'에 귀결하는 관념으로 이해하는 방식을 두고 포스트모더니즘의 영향을 받은 비주체적 이해라고 폄하하기도 한다. 철학적으로 읽지 않고 이데올로기적으로 접근하면 그렇게 되기 쉽다. 다시 간단히 말해본다. 도를 실체나 본체로 이해하면 반드시 '본질'을 긍정하게 된다. 본질을 긍정하면 가치론, 기준, 구분, 목적, 언어, 확장, 상승 등을 긍정하지 않을 수 없다. 철학적인 구조상 당연한 일이다. 노자의 《도덕경》안에는 가치론, 기준, 구분, 목적, 언어, 확장, 상승 등을 부정하는 내용으로 가득 차 있다. 그것들을 부정하면서 본질이니 실체니 본체니 하는 것들을 긍정할 수는 없다. 그것들을 부정하는 한, 세계를 비본질성의 것으로 보지 않을 수 없다. 철학책을 철학적 시선으로 읽지 않고 이데올로기적으로 접근하면 안 된다.

우리는 왜 '생각'할 수 없게 되었을까? 외부로부터 강한 신념, 이념, 가치관, 지적 체계의 영향을 받기 때문이다. 반면 '경계에 있다'는 것은 신념과 이념에서 벗어난 자유로운 상태를 말하며, 통찰을 하는 사람은 바로 이 경계에 있는 사람이다. 결국 신념을 벗어난 '나'로 돌아가야 통찰력, 인문적 사고력이 생긴다. 오래된 현대 철학자 노자를 통해 인문적 힘을 배양할 수 있길 기대한다. 이 책을 통해 궁극적으로 생각의 틀을 깨는 정신적 자유를 회복하고, 진정한 덕성·진정한 행복을 가까운 일상 속에서 만나게 될 것이다.

당부의 말이라면, 이 책은 강연을 토대로 한 내용이다 보니 개인
적이고 일상적인 이야기들도 포함돼 있다. 가볍게 보일 수도 있겠다.
그저 경쾌함으로 받아들여주실 호의를 기대할 뿐이다. 또《노자의
목소리로 듣는 도덕경》에 나오는 도식이나 문장이 최소한의 몇 군데
에서 다시 등장하기도 한다. 이 책의 정합적 완결성을 위해 불가피한
일이었음을 이해해주기도 바란다.

* * *

노자나《도덕경》에 관한 강의는 1998년 서강대 철학과로 부임한
이래로 매년 혹은 격년 단위로 계속 개설해왔다. 서강대 학생들과의
수업은 항상 설레고 자극이 되었다. 학교를 벗어난 곳에서 한 강의들
도 나에게는 '근력 강화제' 같은 역할을 했다. 서울대 인문대학 최고
지도자 인문학과정[AFP]에서도 최근 거의 매 학기 노자 강의를 진행
했는데, 어떤 기수들은 강의 후에 다시 집중 강의를 요청하기도 했
다. 실제로 제2기[戒盈契]와 제13기 졸업생들과는 20~30시간 집중
강의를 했었다. 사회에서 이미 성취를 이룬 분들과 함께 노자 사상을
놓고 벌인 토론은 학생들과의 그것과 또 다른 의미에서 큰 자극이 되
었다. 좋은 자극을 공유한 서강대 학생들과 서울대 인문대학 최고지
도자 인문학과정을 함께해준 분들에게 감사한다.

이제껏 노자 사상만을 따로 놓고 설명하는 것에 뭔가 다 쏟아내지
못한 느낌을 가지고 있었는데, 이런 갑갑함을 해소시키는 계기를 만

나게 되었다. 2012년 ㈜수요포럼 '인문의 숲(대표: 배양숙)'에서 40주 동안 '리더, 도가에서 길을 찾다'라는 주제로 노자를 포함한 도가사상을 아주 큰 맥락에서 집중적으로 강의하게 된 것이다. 중국에서 생각이 탄생하는 시점부터 진시황의 통일을 거쳐 유방의 한 제국 건설까지, 도가사상을 중심선으로 삼아 거침없이 달렸고, 덕분에 도가에 대한 나의 이해는 더 단단해질 수 있었다. 여기서 매일경제의 전호림 국장님과 EBS의 윤문상 부사장님을 만났고, 이런 인연이 기고와 방송을 할 수 있게 만들었다. 이 책은 〈매일경제신문〉의 기고문과 EBS의 방송 내용을 두 축으로 하고 있다. 배양숙 대표님, 전호림 국장님, 윤문상 부사장님께 특별한 감사를 드린다.

위즈덤하우스의 연준혁 대표님은 직접 찾아와 EBS 방송분의 출간을 요청해주셨다. 배민수 분사장님은 총 기획을 해주셨고 그간 매우 조심스럽게 원고를 독촉하셨지만 긴 시간 기다려주셨다. 윤서진 편집자님은 원고를 정리하고 편집하는 일을 잘해주셨다. 모두 감사드리지 않을 수 없다.

초고가 나오자 정성껏 읽고 교정을 봐준 이윤미 박사에게도 깊은 감사를 드린다.

내 사유의 밑자리, 나의 엄마는 애써 웃으시며 시간의 변두리를 만지작거리고 계신다.

- 2015년 2월 16일 서강대 정하상관 연구실에서
최진석

1강

—

생각은 어떻게 탄생했는가

인간,
'생각의 터전'을 마련하다

'학고창신學古創新'이라는 말이 있습니다. 옛것을 배우고 익혀 새로운 것을 만들어낸다는 의미지요. 최근 기업 CEO들 사이에 부는 인문학 열풍도 이 정신과 무관치 않습니다. 한 치 앞도 모르는 경제 상황에서 성현들의 지혜를 빌려서 돌파하려는 뜻이 드러난 것일 테지요.

인간은 이 세계에서 자신의 생각을 실현하면서 살아갑니다. 또 생각의 투영을 통해 자신과 아무 관계없이 그저 존재하는 자연 세계와 인간이 관계 맺도록 만들기도 합니다. 이 세계에 존재하는 만물 중 인간이 있기 이전부터 존재하던 것 외에, 인간의 생각이 반영되지 않은 것은 단언컨대 단 하나도 없습니다.

버스, 전화기, 컴퓨터, 물동이, 칫솔, 야구방망이 등 사물은 물론 민주주의, 국회, 독재, 법원 등 모든 제도 역시 인간의 생각이 구체적으로 실현되어 자연 세계 위에서 부유합니다. 이러한 점에서 삶의 방향은 바로 생각의 방향이고, 가치의 충돌은 생각의 충돌이며, 제도의 변화는 생각의 변화와 직결됩니다. 다시 말해 생각을 추적하는 일이 삶을 추적하는 일이고 결국 인간의 정체를 추적하는 일이 되는 겁니다.

그렇다면 중국을 이해하려는데 중국 사람이 생각하는 방식을 도외시할 수 있겠습니까? 나아가 중국 사람이 생각하는 방식을 이해하려 한다면, 중국 사람의 생각은 어떻게 시작돼 어떤 형태로 흘러왔는지를 전체적으로 조망할 수 있어야 합니다. 이런 지적인 작업은 비단 중국을 이해하는 데 국한되지 않습니다. 어느 한 문명권에서 존재했던 생각이 어떤 맥락 속에서 진전했는지 그 과정을 이해하면, 생각과 삶이 어떤 유기적 관계를 이루며 나아가는지 파악할 수 있습니다.

그렇다면 중국에서는 생각이 어떻게 시작됐을까요. 생각은 인간이 합니다. 인간의 생각이 구체적으로 작동해 인간의 방식으로 자연에 변화를 가하는 것, 그리고 그로 말미암아 나타나는 결과를 '문화文化'라고 합니다. 그렇게 해서 이뤄진 세계의 형태가 바로 '문명文明'이지요.

중국에서 문명을 이뤄 나간 주체로서의 인간이 구체적인 유물로 증명된 최초의 사건은 베이징시 팡산구 저우커우뎬 룽구산에서 발견된 화석인류, 베이징원인[北京原人]의 발견입니다. 베이징원인이 발굴된 같은 지층에서 불에 탄 벼와 다량의 사슴·코뿔소·호랑이·하이에나의 뼈, 인공을 가한 석기도 발견됐지요. 여기에서 가장 중요한 대목은 '불'을 사용했던 흔적입니다.

불을 사용하기 전까지 인간은 사실상 다른 동물과 별반 다를 바가 없었습니다. 인간이 불을 사용하게 됐다는 사실이 내포한 정말 큰 의미는, 인간이 동물을 압도할 위대한 무기 혹은 도구를 갖게 됐다는 점보다 '생각'의 물질적 터전을 확보해나갈 수 있게 됐다는 점입니다.

생각의 터전이란 바로 '뇌'입니다. 생고기를 먹어본 사람이라면 아마 잘 알겠지만 생고기는 소화가 잘 안 됩니다. 그래서 소화에 많은 에너지가 투입돼야 해요. 반면 익힌 고기는 생고기보다 소화가 잘되기 때문에 생고기를 소화시킬 때보다 훨씬 더 많은 에너지를 비축할 수 있습니다. 이때 비축한 에너지가 소화 이외의 곳에 쓰일 수 있게 되었고, 이것이 뇌 발달의 한 요인이 됩니다.

불에 익힌 고기를 먹기 시작하면서 인간은 다른 동물에 비해 동물성 단백질 섭취가 훨씬 용이해졌고 이 또한 뇌 발달에 크게 기여합니다. 그런데 더 의미심장한 변화는 인간이 불을 사용하면서 뇌가 더 커질 수 있는 충분한 공간을 확보할 수 있게 됐다는 점입니다. 이것은 인류의 미래를 준비하는 데 매우 중요한 역할을 했습니다.

불에 익힌 고기는 생고기보다 훨씬 연합니다. 질기지 않은 고기를 먹다 보니 생고기를 잘라 먹을 때 사용하던 두껍고 강한 턱뼈와 근육이 필요하지 않게 됐어요. 결국 불을 사용하지 않는 다른 동물보다

두개골과 근육이 훨씬 얇아지면서 내부에서 뇌가 자리할 수 있는 공간이 넓어졌고, 뇌는 더 커질 수 있었습니다. 또 익힌 고기를 씹을 때 힘을 덜 들여도 되기 때문에 치아 역시 점점 퇴화돼 작아졌지요. 턱뼈와 근육이 얇아지면서 구강 내부 또한 훨씬 넓어졌습니다.

넓어진 공간에서 혀는 이전보다 훨씬 자유롭게 움직일 수 있게 됐고, 이것이 언어의 사용을 가속시켰습니다. 여기서부터 '언어'와 '생각'이 함께 연동돼 발전하는 겁니다. 그 매개가 바로 불이었지요.

불 사용을 계기로 인간이 하는 생각의 양과 질은 그 이전과 비교해 상당히 많아지고 발전했습니다. 그러면서 점차 세계에 대한 자신만의 전략을 구체적으로 행사할 수 있게 됐어요. 전략을 구사할 수 있게 된 인간과 전략 자체가 불가능했던 인간은 이 세계에서 차지하는 위치가 전혀 다릅니다. 인간이 '뇌'라는 생각의 기초 조건을 점점 키워가면서 인간은 지구 상에서 여타 동물들과는 격이 다른 위치를 확보해나갔습니다. 베이징원인은 지금으로부터 대략 50만 년 전의 시기에 존재했는데 뇌가 커지면서 차츰 구석기시대에서 신석기시대로 진입하게 돼요.

신석기시대 전기는 약 1만 년 전부터의 시기를 가리킵니다. 이때 인간은 커진 뇌를 토대로 하여 자신의 생각을 더욱 전략적으로 구현해나가게 됩니다. 구석기시대에는 큰 돌을 깨뜨린 후 그중 쓸 만한 파편 조각을 골라 사용하다가 신석기시대 전기부터는 자기가 원하는 모양을 정한 후 돌을 갈아서 만들기 시작한 게 한 증거이지요.

베이징원인 발견에 크게 기여한 스웨덴 지질학자 요한 군나르 안데르손은 1921년 허난 멘츠현 양사오촌에서 이 시기의 전형적인 문화가 담긴 유적을 다시 발견합니다. 이를 학계에서는 양사오문화(仰韶文化)라고 부르지요. 대략 기원전 5000년에서 기원전 2500년 사이에 형성된 문화의 흔적들입니다. 양사오문화 유적은 다양한 지역에 분포돼 있지만 특히 반포촌에서 발굴된 반포유적이 대표적이지요.

시안(西安)에 갈 일이 있다면 시안반포박물관에 들러 그 시대 인간을 만나보길 권하고 싶습니다. 당시 인간은 모계사회의 틀 속에서 삶을 영위했습니다. 남녀가 서로 구별은 됐지만, 그 구별이 차별을 낳지는 않았지요. 빈부 격차나 사람 간의 차별이 존재하지 않았고, 경험이 풍부한 지도자는 있었지만 계급적으로 우월한 위치의 지배자는 출현하지 않았습니다. 모든 것을 공동으로 생산하고 공동으로 분배했으며 공동으로 의사를 결정하는 대단히 평등한 사회였어요.

이때의 문화에서 특히 주목할 점은 당시 인간이 기하학적 무늬를 구사하고, 사람 얼굴을 한 물고기를 그리고, 초기 글자로 간주할 수 있는 부호들을 남겨 놓았다는 사실입니다. 기하학적 무늬를 남겼다는 사실은, 이 시대 인간이 보이는 그대로 사물을 재현해내던 구석기시대 인간과 달리 사물을 추상하여 그렸음을 알게 해줍니다. 추상화는 사물을 개별적인 상태로만 보지 않고 그것을 하나의 범주로 묶어서 파악할 수 있을 때 비로소 가능한 일입니다. 이 작업을 통해 '공통성'이나 '의미' 등의 생각이 출현할 수 있었고, 공통성이나 의미에 관한 생각이 등장하면서 인간은 점점 '구별'하는 능력을 잘 구사하게 되지요. 공통성은 결국 사물의 '본성'이나 '본질' 등에 관한 생각을 가능하게 합니다. 또 사물의 배후 원리가 무엇인지 물을 수 있는 길을 열어줍니다.

인간은 이처럼 지구 상에 등장한 이래 자신의 위치를 점점 상승시키고 그 능력을 더욱 확장하는 방향으로 진화합니다.

'나'라는
존재의 발견

신석기시대 후기로 들어오면 중국에서는 종법제도宗法制度의 맹아가 싹트기 시작합니다. 권위와 재산이 혈육을 매개로 전승되는 제도이지요. 물론 이 제도는 일부일처제의 형성과 밀접하게 연관됩니다.

종법제도는 적자嫡子 가운데 첫째 아들, 즉 적장자嫡長子가 아버지의 지위를 계승해 대종大宗이 되고, 둘째 아들 이하는 소종小宗이 되는 친족제도의 형식입니다. 대종은 종가宗家를 구성하고 종가의 가장이 모든 종족宗族의 대표자인 종주宗主가 되지요. 종주는 종족을 이끌며 전쟁을 벌이기도 하고 종족에 해를 입힌 자를 처형할 수도 있습니다. 이런 형식은 주周나라(기원전 1046~기원전 256)에서 봉건제도로 확장돼 정치적 구조에도 영향을 미치게 돼요. 즉 통치자인 천자天子가 종주가 되고 제후는 소종으로서 충실하게 복종해야 하는 체제로 구축됩니다.

종법제도는 중국 역사 전체를 관통하는 의식구조의 중요한 기틀이며 은殷나라(기원전 1600~기원전 1046) 멸망 이후 서주西周 시기에 새로운 제도를 건립할 때 중심적인 생각으로 작용했어요. 이는 재산과 권력, 권위의 계승방식이 되기 때문에 정치, 사회, 나아가 의식구조까지 결정하는 기제로 자리 잡았습니다. 이런 종법제도를 근거로 주나라에서는 혈연 공동체 의식과 공동 운명체 의식이 강화되고 순조로운 통치가 가능해졌어요.

이 종법제도는 우리나라에까지 영향을 미쳤습니다. 우리도 혈연을 매우 중요한 하나의 중심적인 생각으로 받아들이게 된 것이지요. 나이를 중시하는 문화도 일정 부분 종법제도의 영향으로 이해할 수 있습니다. 그렇다면 이런 종법제도의 맹아가 어떻게 신석기시대 후기에 형성됐을까요.

앞에서 신석기시대 전기 문화를 양사오문화를 통해 이해했다면, 신석기시대 후기 문화는 룽산문화[龍山文化]를 통해 이해할 수 있습니다. 기원전 3000년에서 기원전 2000년 사이에 일어난 룽산문화는 양사오문화와 달리 신석기 농업 혁명이 어느 정도 진행되어 농업 생산력이 급격히 상승한 시기에 건설된 문화입니다.

당시에 생산력이 증가하자 그 이전과는 비교가 되지 않을 정도의 잉여 생산물이 나왔어요. 자연히 잉여 생산물에 대한 소유 문제가 대두되었고, 이는 결국 사유재산이라는 관념의 형성으로 이어졌습니다. 또 농업의 규모가 커지면서 이전의 채집 경제활동 시기에 비해 남성의 근력이 더 필요하게 됐고, 이런 과정을 거치면서 점점 남성이 주도하는 관념이 발생했습니다. 남성 주도 관념이 발생하면서 사유 재산 상속 문제는 자연스럽게 남성의 소유를 정당화하는 방식으로 형성됐지요. 남성이 자신의 피를 이어받았다고 확신하는 자식에게 재산을 모두 주려는 욕구는 오직 한 여성을 독점해야만 실현됩니다. 일부일처제가 성립되는 것이지요. 당시 유적으로 남녀 합장묘가 발견되는데 이는 분명 일부일처제의 흔적이에요. 이처럼 남성을 중심으로 하는 혈연의 전승 체계가 구조화되면서 종법제도가 점점 형성되어 나갑니다.

정주定住형 경제활동인 농업의 발달은 인구를 증가시키고, 증가된 인구는 바로 사회 형성으로 이어졌습니다. 사회 형성은 질서 관념을 요청하고, 이 질서 관념은 점점 여성 중심 모계사회가 남성 중심 종법제도사회로 바뀌는 기폭제가 됐어요. 씨족 간의 평등한 관계는 무너지고 계급이 출현했습니다. 특히 세습적인 지배자가 출현한 것을 눈여겨봐야 합니다. 지도자가 지배자로 대체되고 지배, 피지배의 구분이 자리를 잡고 성읍도시가 출현했지요. 이는 추후 국가의 형성으로 이어졌습니다. 이후 은나라 때 본격적으로 남성성과 태양, 남성적 왕권을 중심으로 하는 이데올로기가 부상하는데, 그 씨앗이 이때 뿌려진 것이에요.

종법제도의 발아는 '생각의 변화'를 보여줍니다. 인간이 자신의 존재적 위치를 어떻게 상승시키고 있는지 알 수 있어요. 종법제도의 핵심은 혈연에 대한 몰두입니다. 혈연에 대한 몰두는 인간이 자신의 존재근거와 행위의 정당성을 확인하려는 시도라고 볼 수 있습니다. 이는 인간이 자신의 위치를 이 세계에서 보다 선명하게 확정하고자 했음을 의미합니다.

앞서 양사오문화에서 인간이 기하학적 무늬를 구사한 것을 보고, 사실적인 묘사를 하던 구석기시대 인간과 달리 신석기시대 전기 인간은 추상화를 그리기 시작했음을 알 수 있다고 했지요. 추상은 기본적으로 '개괄'하는 작업입니다. 즉 인간이 점차 자신의 의도와 욕망에 맞게 세계를 개괄하는 효용성 높은 작업을 하기 시작했다는 뜻이지요. 개괄하지 못하던 인간에서 개괄할 수 있는 인간으로의 변화는 세계에서의 인간의 주도적 능력이 확대되고, 세계에서의 인간의 위치가 훨씬 더 분명해지고 있음을 보여줍니다. 동물과의 경쟁이 삶에서 주요 부분을 차지하고, 세계에서 자신의 독립적 위치에 대한 의식이 희박하던 구석기시대 인간에 비해서 말이지요.

그런데 신석기시대 후기 룽산문화를 구성하던 인간은 한 걸음 더 나아가 세계 속에서 '혈연'을 매개로 자신을 이해하기 시작했습니다. 이는 자신의 존재적 지속성에 대해 질문하고, 더불어 자신의 존재 기반에 대해 질문하기 시작했다는 뜻이지요. 인간이 자기 자신을 세계에 대해서만이 아니라, 자신의 내적 구성이나 근거와 관련해 해석하기 시작했음을 의미합니다. 이 단계에서는 혈연으로 자신의 근거를 찾지만 인간의 위치가 좀 더 상승하면 그 혈연을 정당화해주는, 혈연보다 더 상위의 근거를 찾게 되겠지요. 이런 경향은 조상신이나 상제上帝 혹은 천명天命의 등장을 촉진시킵니다.

중국 상고시대를 논할 때 주로 하, 은, 주, 삼대三代를 얘기하지요. 하夏나라(기원전 2070~기원전 1600)는 역사에 남겨진 기록과 유물들로 추적할 수 있는 중국 최초의 고대국가입니다. 그 이전부터 오랫동안 형성된 혈연에 대한 중시와 장자 세습의 관습은 하나라에도 깊은 영향을 끼칩니다. 기록에 의하면 하나라가 건립되기 전까지 통치의 최고지배권을 넘겨주는 방식은 선양禪讓이었습니다. 혈연적 유대감이 전혀 개입되지 않고 능력만을 근거로 판단하여 왕위를 물려주는 것이지요.

하나라 제1대 왕인 우禹도 혈연적으로 아무 관계도 없는 전대 임금인 순舜으로부터 통치권을 물려받아 왕이 됐어요. 하지만 우임금부터 선양은 단절되고, 통치권이 부자 세습으로 전승되는 전통이 만들어집니다. 원래 우임금은 그의 아들인 계啓에게 제위를 전승하지 않고 자신의 신하인 익益에게 물려주려고 했습니다. 그런데 우임금이 죽고 삼년상을 마치자마자 익이 우임금의 아들인 계에게 제위를 물려주고 지산 산[箕山]으로 숨어버리는 사건이 발생해요. 맹자는 이를 두고 하늘의 뜻이라고 했지만, 여기에는 당시 시대적 변화의 흐름이 깊이 개입돼 있는 것 같습니다. 선양 시스템에서 세습 시스템으로 넘어가는 시대적 전환기에 직면했다는 뜻이지요. 이는 오래전부터 잉태된 종법제도의 맹아가 점점 자라나는 시기에 진입했음을 보여주는 일이기도 합니다. 왜냐하면 당시 제후들이 지산 산으로 피한 익을 따르지 않고, 우임금의 아들 계를 따랐기 때문입니다.《사기史記》〈하본기夏本紀〉에는 다음과 같은 말이 언급됩니다.

吾君帝禹之子也
계는 우리 군주 우임금의 아드님이시다.

세습의 권한을 갖는 '아들'이라는 이 한마디가 통치권의 정당성과 힘을 모두 포괄해버리는 시대로 진입한 겁니다. 이제 인간은 부자 세습을 매우 정당한 것으로 받아들여야 한다는 생각을 하기에 이르렀어요.

인간은 자신의 존재근거에 대한 인식의 길을 점진적으로 펼쳐갑니다. 중국인은 그것을 우선 '혈연'에서 발견했지요. 여기서 우리는 인간의 위상이 자연계 내에서 차츰 상승하고 있음을 알아챌 수 있습니다.

신과 소통하는 내공,
'예'와 '덕'의 출현

인간이라면 본래 혈연을 중시하도록 태어난 것처럼 보이지만 이는 사실 인간 생각의 발전 과정에서 '발견'된 것입니다. 혈연적 정감은 다른 동물처럼 인간의 원초적 본래 경향일 수도 있습니다. 하지만 우리가 중시하는 것은 그런 원초적 느낌으로서의 혈연이 아닙니다. 혈연이 인간 존재를 해명하고 지배하는 중심 내용으로 등장했다는 바로 그 사실을 말하는 것이지요. 어떻게 보면 '생각'의 산물이라고도 하겠습니다. 왜냐하면 인간이 자신의 존재 의미와 방식을 혈연을 기초로 생각하던 때와 그러지 못하던 때가 분명히 구분되고, 또 혈연을 중심으로 해서 거기에 맞는 사회구조와 이데올로기를 출현시키기 시작하던 시기를 비교적 분명하게 짚어낼 수 있기 때문입니다.

앞서 인간 존재의 위치를 가늠하는 데 사용할 수 있는 몇 가지 코드를 제시했지요. 마제석기와 기하학적 추상화 등이 인간이 세계와의 관계에서 어떤 수준으로 활동하는지 알 수 있게 해주는 것이었습니다. 혈연도 마찬가지입니다. 기하학적 추상화 과정을 통해 인간은 세계를 개괄해서 볼 수 있게 됐는데, 그 능력이 점점 커지면서 인간 자신의 범위를 벗어나 공통성을 가진 집단의 연속성과 범위를 생각하고 그것을 근거로 삶의 형식을 구조화할 수 있게 됐어요.

혈연이라는 높이까지 생각을 상승시킨 중국의 고대인들은 더 나아가 다시 그 혈연을 포괄하는 더 높은 생각의 지점으로 도약합니다. 이 이야기는 은나라로부터 시작해보지요.

하나라를 세운 하족夏族만큼이나 오랜 역사를 지닌 부족인 상족商族은 나라를 세우고 상商이라고 불렀는데, 나라가 쇠퇴하자 제19대 왕 반경盤庚이 도읍을 은허殷墟로 옮긴 후 다시 나라를 부흥시켰습니다. 이후로는 상을 은으로 부르게 돼요.

우리의 주제에 집중하자면 은나라를 말할 때 항상 갑골문甲骨文을 떠올려야 합니다. 갑골문은 거북의 뱃가죽[龜甲]과 짐승의 어깨뼈[獸骨](주로 소의 견갑골)에 새긴 은나라 시대의 문자를 가리키는데, 여기서 갑골문에 주목하는 이유는 바로 거기에 새겨진 내용 때문입니다. 갑골문에는 은나라 사람들이 신에게 물었던 거의 모든 내용이 들어 있어요.

은나라 사람들은 조상신이나 하느님인 상제를 굳게 믿고 그들로부터 답을 얻기 위해 제사나 사냥, 전쟁 등 세상사의 큰일이 있을 때마다 항상 점을 쳤습니다. 갑골은 바로 이 점복에 사용됐고 점복의 결과를 거북의 뱃가죽이나 짐승의 어깨뼈에 청동 칼로 새겼지요. 그렇게 새겨진 내용이 바로 갑골문이에요. 갑골문의 모든 내용에는 인간과 신의 관계가 반영돼 있습니다.

갑골문에 기록된 내용을 근거로 볼 때, 은나라 사람은 신을 숭배했습니다. 그것이 조상신이든 자연신이든 결국 최종 지점에는 상제가 있었어요. 단순하게 말하면 당시의 인간은 이 세계의 모든 일을 신이 결정하는 것으로 봤기 때문에, 그 신의 뜻을 알기 위해 점을 칠 수밖에 없었습니다. 혈연을 매개로 자신을 이해하던 인간이 이제는 상제라고 하는 신을 매개로 자신을 이해하게 됐습니다. 이는 세계 속에서 인간의 지위가 상승하고 있음을 반영하는 것이에요. 이 세계의 모든 일을 신이 결정하는 것으로 받아들이는 인간이라면 그 존재적 지위가 오히려 하락한 것이 아니냐는 의문을 가질 수도 있겠지만, 그렇지 않습니다. 왜냐하면 인간이 신을 섬긴다는 것은 인간 자신을 이해하는 매개로 혈연보다는 훨씬 보편적이고 초월적인 지위를 갖는 신이라는 개념을 사용하고 있다는 점을 말해주고 있기 때문이지요.

은나라 사람들이 신을 발견한 것은 이 혈연의 총화이자 궁극 지점을 발견한 것이라는 의미가 있어요. 혈연이 단순히 집안이나 종족의 차원에 머물지 않고 더 높은 궁극적 지점으로 통합되어 튼튼한 기반을 갖게 됐다는 점에서 인간의 존재적 위치가 한층 더 상승한 것으로 볼 수 있습니다. 이제 인간의 존재성은 인간을 경험적이고 구체적인 차원에서 설명하는 혈연이 아닌, 그보다 훨씬 더 보편적이고 지배적인 권위로부터 보장받는 것입니다.

논의를 편하게 하기 위해 은나라의 상제나 주나라의 천天이 이 세계의 모든 것을 지배한다는 생각을, 뭉뚱그려 '천명론天命論'이라고 부르기로 하지요. 천명은 초월적 신이라고 인식되는 최고 권위자의 명령을 말합니다. 이 명령은 동식물은 말할 것도 없고 정치적 형태[政體]나 가치관까지 포함해 지상 세계에 존재하는 모든 것의 근거가 되는 것이에요. 그런데 인간이 이해한 천명의 가장 큰 특징은 변하지 않는다는 것이며 이랬다저랬다 하지 않는 것입니다. 그래야만 천명의 지배력으로 만들어진 동식물의 분류나 계급의 차이, 권력 구조 등등이 정당성을 갖고 항구적으로 유지될 수 있기 때문이에요.

따라서 은나라 사람들은 상제라고 하는 최고신이 내린 천명에 의해서 은나라가 건립됐기 때문에 은나라는 멸망하지 않고 영원하리라고 생각할 수밖에 없었을 것입니다. 그러나 은나라도 결국 주나라에 의해 멸망했지요. 절대 달라질 수 없다는 천명을 받은 은나라가 멸망했으니 기존의 천명관으로는 해석하기 어려운 난감한 꼴이 되어 버렸습니다.

주나라의 건립도 마찬가지입니다. 천명을 받은 것은 은나라라고 생각하던 당시, 아직 천명을 받지 않은 주나라가 은나라를 멸망시킨 것 자체도 정당성 문제를 가지는 겁니다. 이때 우리에게 현재까지도 중요하게 영향을 미치고 있는 '덕德'이라는 개념이 출현합니다. 즉 덕이 있으면 천명이 오고, 덕을 잃으면 있던 천명도 떠날 수 있다는 것이지요. 그래야만 은나라에 있던 천명이 주나라로 옮겨 가서 주나라가 은나라를 멸망시키고 새로운 나라를 세웠다는 정당성을 확보할 수 있게 됩니다. 덕으로 은나라의 멸망과 주나라의 건립 모두를 정당화할 수 있게 된 거예요.

당시에는 제사가 매우 중요한 행사였습니다. 제사를 통해서 신의 뜻을 알고 인간의 기도를 전달할 수 있기 때문이지요. 그런데 제사를 지낼 때 마음이 요동치고 몸가짐이 정리되지 않았다면 신과의 소통이 아예 불가능할 것입니다. 제사를 지내기 위해서는 신과 소통할 수 있는 아주 잘 정화된 마음의 상태가 먼저 준비돼야 합니다. 그 정제된 마음이 흐트러지지 않도록 고안된 절차가 따로 있었어요. 절차만 지키면 신을 만족시킬 수준으로 제사를 잘 지낼 수 있는 것입니다. 당시 사람들은 그 절차를 '예禮'라고 불렀습니다. 아마 이것이 예의 가장 원시적인 의미일 것입니다. '덕'은 제사장이나 제사에 참여한 사람들이 신과 소통할 수 있을 정도로 잘 준비한 마음의 상태인데, 태어날 때 갖고 있던 마음처럼 순화되고 정화된 마음의 상태를 말하지요.

그렇다면 예는 덕을 지키거나 회복시킬 수 있는 행위 절차를 말하는 것이라 할 수 있습니다. 제사장이 신과 소통할 수 있도록 준비된 내적 상태는 바로 인간 본연의 상태로서, 어떤 의미에서는 신이 부여한 것으로 이해되는 본래의 마음일 거예요.

이제 사람들은 신과 소통할 수 있는 본래의 상태인 덕을 갖고 있으면 신의 뜻, 즉 천명을 움직일 수도 있다고 보게 됐습니다. 물론 인간이 천명에 영향을 미친다고 해서 천명을 좌지우지한다는 뜻은 아닙니다. 천명이 그 덕을 갖고 있음을 가상히 여겨 은혜를 베푼다는 뜻이지요. 여전히 전권은 천명에 있었습니다. 하지만 그 이전에는 오로지 천명 자체의 뜻에 의해서만 작동했는데, 이제는 천명이 인간의 내적인 상태를 고려하면서 움직일 수도 있게 됐다는 점이 의미심장하지요. 인간은 신의 뜻, 즉 천명에 영향을 끼칠 수도 있는 내적인 힘을 가지게 되었습니다. 그것이 바로 덕입니다.

천명보다
'인간의 힘'을 믿다

중국 역사에서 학문의 전 분야를 통틀어 최고의 학자 한 명을 꼽으라면 한漢나라 때 사마천司馬遷을 드는 사람이 적지 않을 겁니다. 사마천은 흉노에 투항한 장수 이릉李陵을 변호하다 무제武帝의 노여움을 사 생식기가 제거되는 혹형인 궁형宮刑을 당하고, 절치부심해《사기》라는 대작을 역사에 남겼습니다. 그는 친구 임안任安에게 보낸 답서 '보임소경서報任少卿書'에서《사기》저술의 의의를 "자연과 인간의 관계를 탐구하고 고금의 변화에 통달하는 일가의 학설을 이루고자 한 것[究天人之際 通古今之變 成一家之言]"이라고 말했지요.

'자연'과 '인간'의 관계 문제, 즉 '세계'와 '인간'의 관계 문제는 인간이 다루는 가장 심층적인 문제로서 바로 우리를 '철학'의 차원으로 끌고 갑니다. 우리가 앞에서 했던 많은 얘기들도 결국은 이 세계와 인간의 관계 문제를 중심에 두고 있어요. 사마천은 생물학적인 인간의 존엄을 포기한 대신 인간으로서 추구할 수 있는 최고의 철학적 경지에 도달했던 것입니다. 인간이 세계와 어떤 관계 방식을 확립하는가, 그것이 바로 세계관 건립의 문제인데, 세계관이 달라지면 그 세계관을 운용하는 인간에 의해 시대의 풍경이 달라지게 됩니다. 물론 인간의 지위가 시간이 흐르면서 점점 상승하는 방향인 것이 맞아요. 베이징원인에서 출발해 '덕'의 담지자로까지 진화한 인간은 이제 '천명'과의 교류가 가능해질 정도로 상승된 위치와 의미를 갖게 되었습니다.

천인관계天人關係, 즉 인간과 세계와의 관계를 중심으로 놓고 볼 때 은나라와 다른 주나라의 특징은 덕을 매개로 인간을 이해하고 해석하며 또 그것을 인간 활동의 근거로 삼았다는 것입니다. 더 나아가서는 '천'의 결정에 영향을 끼칠 수도 있게 됐지요. 《상서尚書》를 들춰보면 우리가 앞에서 이야기한 덕의 출현을 더 깊이 이해할 수 있습니다.

덕은 이제 권력의 정당성과 통치의 핵심 근거가 됐습니다. 물론 은나라나 주나라 모두 통치권과 관련해서는 '왕권신수설王權神授說'을 기본 내용으로 하지만, 주나라의 왕권신수설은 인간에게 있는 덕에 의해서 신권 자체가 동선을 달리한다는 것입니다. 신권도 최소한의 한계를 인정하는 상태에서 발휘된다는 것을 의미합니다. 이는 인간을 초월하는 존재에 대한 인간의 태도가 어떻게 변했는지를 반영할 뿐만 아니라, 또 이 세계에서 차지하는 인간 자신의 위치와 책임이 달라졌음을 반영하는 것이지요. 이런 변화를 기초로 해서 이 세계의 주인 자리가 점점 신으로부터 인간에게로 전이되는 일이 벌어지기 시작합니다. 다음 기록을 보면 은나라에서의 인간의 위치와 주나라에서의 인간의 위치가 얼마나 달라져 있는지 알 수 있습니다.《예기禮記》〈표기表記〉에는 다음과 같은 말이 나와 있습니다. "은나라 사람들은 신을 받들었다. 백성들에게 신을 모시도록 하면서 귀신을 더 중시하고 예법을 경시했는데, … 주나라 사람들은 예법과 베푸는 것을 중시했다. 귀신을 공경하면서도 일정한 거리를 유지한 대신 항상 사람을 가까이하는 일, 거기에 정성을 기울였다[殷人尊神 率民以事神 先鬼而後禮 … 周人尊禮尚施 事鬼敬神而遠之近人而忠焉]."

주나라에서는 '인간의 힘[人力]'이나 '인간의 일[人事]'에 대한 의미부여가 이전에 비하여 많이 달라지고 있음을 알 수 있습니다. 은나라 사람들은 신만을 받들었기 때문에 인간 세계의 예법은 그리 중요하게 생각하지 않았습니다. 하지만 주나라에 들어와서는 귀신을 높은 자리에 놓고 공경하면서도 사람의 일을 더 중요하게 다루었습니다.

은나라 사람들이나 주나라 사람들 모두에게 최고신이라는 개념이 있었습니다. 은나라 사람들은 처음에 그것을 '제帝', 나중에는 '상제', 다시 주나라로 지배권이 넘어가던 시기에는 '천'이라고 불렀지요. 그러나 두 나라에서 최고신과 인간에 대한 비중은 매우 달라집니다. 은

나라 때의 신은, 인간과 아무런 교감이 없이 멋대로 의지를 행사하는 맹목적인 신이었기 때문에 어떤 의미에서 인간과 신은 대립적인 관계 속에 있다고 할 수 있지요. 그리고 인간은 그 신의 의지에 영향을 줄 수 있는 힘을 가지고 있지 못했습니다. 대립적이면서도 거리가 있었던 것이지요.

주나라에서는 이 관계가 달라집니다. 인간은 덕을 가진 존재가 됐고, 이 덕은 천의 결정에 영향을 끼칠 수 있어요. 인간은 천과의 매개자 역할을 하는 덕을 갖게 된 겁니다. 주나라를 지탱하는 두 중심축은 '천명'과 '덕'인데 천명은 '천'의 영역이고 '덕'은 인간의 책임이었어요. 이 두 중심축으로 주나라의 이데올로기가 유지됩니다.

주나라 때 천은 인간 세상에 밀접하게 접촉하고 인간과 소통하는 매우 이성적인 초월자로 등장합니다. 더 이상 주관적이고 임의적인 판단을 행하는 존재가 아니라 덕이라는 판단 근거를 갖게 됐어요. 자기 맘에 드는 사람을 아무나 골라서 통치자로 만들고 나라를 세우는 것이 아니라 덕이 있는 사람을 골라서 그런 일을 하도록 한 것이죠. 덕이 있는 사람에게 천명을 부여하는 것입니다. 결국 명령하는 천과 명령을 받는 인간은 덕이라는 매개를 통해 매우 친밀한 관계를 맺게 됩니다. 그래서 은나라와 달리 주나라의 통치자는 스스로를 '하늘의 아들', 즉 '천자'라고 불렀던 것이지요. 물론 구체적 혈연관계가 아닌 정치적 혹은 도덕적인 의미에서의 부자 관계지만 서로 덕을 매개로 제한되고 있다는 점에서 매우 이성적인 판단의 장이 열린 것으로 볼 수 있습니다.

은나라 때는 인간이 상제의 임의적 결정에 복종만 해야 했기에 인간과 상제 사이에는 어떤 '행동 지침'도 공유되지 못했어요. 그래서 인간은 스스로의 독립적 활동 자체를 시도할 수 없었고, 자신을 항상 신이나 귀신의 뜻 아래 두어야 했습니다.

주나라에 와서 천은 인간 세상에서 벌어지는 정치나 도덕의 근거 내지는 정당성을 부여해주는 존재로 바뀌었어요. 천과 인간이 덕을 매개로 연관됨으로써 천의 뜻이 인간에게 전해지거나 천의 움직임을 인간이 예측하게 되었습니다. 그러면서 매우 이성적인 원칙을 갖고 인간 스스로 움직임을 절제하거나 계도할 수 있게 됐지요. 개방적이고 이성적이며 예측 가능한 틀 속에서 '천인관계'를 맺을 수 있게 됐다는 것은 분명히 인간의 지위가 한 단계 더 상승한 것임을 나타냅니다.

이제 인간은 무슨 일을 하더라도 신의 뜻을 황망하게 좇으려 노력하는 것이 아니라, 인간의 일이나 인간의 활동력 자체가 신과 상통하는 것이라는 상대적 자부심 속에서 움직일 수 있게 됐습니다. 자신의 능력을 다해서 인간사를 인간적 관점에서 처리하는 것이 점점 당연하게 받아들여지게 됐어요. 실제적으로는 천의 뜻보다 인간의 힘과 인간의 일로 활동의 중심축이 이동하게 된 것입니다. 말하자면 '진인사대천명盡人事待天命'이라는 생각이 나타난 것이지요.

특히 인간은 천과 관계를 맺음으로써 왕권 자체가 나아갈 방향을 결정했을 뿐만 아니라 스스로 덕이라는 제한성을 갖게 됐는데, 우리는 이것을 인간이 더 이성적이고 합리적으로 생각할 수 있게 되었다고 볼 수 있습니다.

덕은 지식이 아니라 동력이다

은나라와 주나라의 교체기에 등장한 '덕'이라는 개념은, 당시의 인간이 얼마나 강한 의지로 신으로부터 독립해 '인간의 길'을 가려고 노력했는지를 여실히 보여줍니다.

엄밀하게 말하면 덕이라는 특성을 갖게 되면서 인간은 '신'으로부터 벗어날 수 있는 근거를 마련하게 됐지요. 즉 인간이 신의 역할에 영향을 줄 수 있게 됐으며, 더 나아가 이 세계에서 일어나는 모든 일에 대한 책임과 역할을 신에게만 맡겨놓을 수 없게 된 것입니다.

신과 책임을 나눌 수 있게 되면서 이제 인간은 스스로 존엄성을 키우면서 자존심 강한 동물로 성장해갑니다. 이제는 신의 명령대로 움직이는 것이 아니라 스스로의 각성을 통해 자신의 움직임을 결정하고 거기에 스스로 의미를 부여하게 되지요. 이런 과정은 바로 덕을 근거로 해 이뤄집니다. 인간이 인간의 수준에서 인간으로서의 품위를 잃지 않는 행위를 하는 근거도 결국은 덕입니다. 그래서 동양 사회에서는 인간을 논할 때 덕이라는 개념을 절대 빼놓을 수 없지요.

그런데 이 '덕'은 사실 어떤 실체로서 존재하는 것이 아닙니다. 덕은 인간을 지탱하는 '무엇'이 아니라, 인간을 움직이게 하는 '활동'이 자 '작용', '동력', '힘'을 말합니다.

송나라 철학자인 주희朱熹는 이런 덕을 '무엇'으로 규정하면서 명사화해버렸습니다. 그는 이 세계가 어디에 근거해 움직이는지를 집중적으로 탐구하면서 원래는 도교나 불교의 중심개념이었던 '원리[理]'라는 개념을 끌어와 유교적으로 정립합니다. 이 세계는 일정하게 정해진 원리에 따라 움직인다는 것이지요.

이런 결론을 내리게 된 이유도 궁극적으로는 유교적 윤리 도덕의 정당성 문제와 관련됩니다. 즉 주희는 인간이 개별적으로 하는 윤리 도덕적인 행위가 그 사람의 주관적이고 개인적인 경험 활동에 머무르는 것이 아니고 우주에 있는 불변의 어떤 정해진 원리를 실현하는 것이라고 의미를 부여합니다. 인간의 개인적 도덕 행위가 보편적 원리와 연결됨으로써, 인간은 우주의 보편성 자체를 책임지는 지위를 부여받을 뿐만 아니라 대우주의 보편적 원리를 실현하는 존재라는 의미를 갖게 되는 것입니다.

그런데 우주의 보편적 원리를 실현할 수 있는 근거가 과연 인간에게 있을까요. 주희는 우주의 보편 원리가 인간 각자에게 '본성'으로 내재돼 있다고 말합니다. 이것이 그 유명한 '본성이 곧 원리[性卽理]'라는 명제입니다. 그는 《대학》의 첫 구절에 나오는 '명덕明德'을 "하늘에서 부여받은 것으로서 텅 비어 있으되 영묘하며 밝아서 여러 이치를 다 갖추고 있으니 온갖 일에 다 대응한다[明德者 人之所得乎天 而虛

靈不昧 以具衆理而應萬事者也]"라고 해석합니다. 고정되고 불변하는 '이치[理]'를 인간이 안으로 담고 있는 것, 즉 이치의 '내적 구현물'로 보는 것이지요.

그래서 본성, 즉 덕은 활동력이 아니라 이치와 같은 본체적 특성을 갖게 됐습니다. 밖에 있으면 이치가 되고, 인간 안으로 들어오면 덕이 되는 것입니다. 그래서 주희는 그의 책 《대학장구서大學章句序》에서 "하늘이 사람들을 낸 이래로 이미 인, 의, 예, 지의 본성이 누구에게나 부여돼 있다[蓋自天降生民 則既莫不與之以仁義禮智之性矣]"고 말하기에 이릅니다. 덕을 본성화해버린 것이지요. 이렇게 하면 덕은 활동하는 동력으로서의 힘을 잃고 거기서 자연스럽고도 강력하게 뿜어져 나오는 향기도 잃어버립니다. 그 대신 이제는 찾아야 하는 어떤 것, 알아야 하는 어떤 것으로서 다뤄지게 됩니다.

앞에서 보았듯이 덕의 원래 의미는 신과 소통할 수 있는 내적인 마음의 상태였습니다. 그 마음의 상태는 어떤 형이상학적인 혹은 어떤 본체론적인 색채를 갖지 않는, 활동하는 것으로서의 내적인 움직임이었지요. 주나라 초기의 문화를 신봉했던 공자의 언설을 보면 당시 회자되던 덕의 진실한 의미를 잘 알 수 있을 겁니다. 《논어論語》〈이인里仁〉에 나오는 공자 말 한 구절을 봅시다.

德不孤 必有隣

덕은 외롭지 않다. 반드시 이웃이 있다.

덕이 그 자체로 본체적인 것으로서 활동성이 없다면 어떻게 이웃을 만들어낼 수 있을까요. 덕 자체에서 감화력이라 부를 수 있는 향기가 우러나오지 않는다면 구체적인 어떤 결과도 야기할 수 없습니다. 《논어》〈학이學而〉에는 증자의 말이 다음과 같이 기록돼 있어요.

曾子曰 愼終追遠 民德歸厚矣
부모의 장례식을 정성껏 잘 치르고 성심성의껏
조상에 대한 제사를 잘 지내면 백성의 덕이 아주 두터워진다.

부모 장례식이나 조상에 대한 제사를 정성으로 치르는 것이 백성의 덕을 두텁게 한다는 주장은 정말 근거가 있는 것일까요? 이를 논리적으로 밝히는 것은 쉽지 않지만, 정성껏 제사를 드리는 마음에서 나온 향기가 백성의 마음을 움직여 백성의 덕을 두텁게 변화시킬 수 있다는 것입니다.

앞에서 주자(주희)의 이야기를 길게 한 이유는 주자가 '활동력으로서의 덕'을 '존재하는 어떤 것'으로 변질시켰다는 것을 말하기 위해서입니다. 덕의 원래 의미는 하늘의 뜻을 알 수 있을 정도로 준비된 가장 순수하게 정제된 마음의 상태라고 했지요. 그래서 덕은 지식의 대상이 아니라 삶의 향기와 힘을 발산하는 동력으로 회복돼야 합니다. 이 '덕'이 있어야 인간은 지식의 저장고가 아니라 지혜의 발휘자로, 도덕을 연구하는 자가 아니라 도덕을 실천하는 자로, 민주주의를 주장하는 사람에서 일상적으로 민주를 실천하는 사람으로 거듭날 수 있는 겁니다.

언젠가 '어떤 사람을 성인聖人이라고 할 수 있을까'라는 주제로 몇 사람이 모여 한담을 나눈 적이 있습니다. 저는 거기서 하고 싶은 말을 참고 안 할 수 있는 사람이라고 답했지요. 우리가 모두 경험해봤겠지만, 하고 싶은 말을 참거나 다른 사람에게 들은 말을 옮기지 않고 혼자만 가지고 있기가 얼마나 힘든 일인가요. 이 힘든 일을 해내면 훌륭한 인격자로 인정받지만, 힘들다고 지키지 못하면 믿을 수 없는 사람이나 가벼운 사람으로 치부되기 쉽습니다. 심지어 예상치 못한 큰 화를 부를 수도 있고요.

그렇다면 하고 싶은 말을 참거나 말을 이리저리 옮기지 않을 수 있는 힘은 어디에서 오는 것일까요? 그 힘이 바로 덕입니다. 그래서 공자도《논어》〈양화陽貨〉에서 "길가에서 들은 소문들을 여기저기 옮기고 다니는 것은 덕이 없기 때문이다[道聽而塗說 德之棄也]"라고 말했습니다. 이것은 단순히 말을 옮기느냐 옮기지 않느냐의 문제로 끝나지 않아요. 그것은 하늘까지도 움직이게 할 수 있는 내적인 힘을 잃어버렸음을 의미하기 때문이지요. 내적인 힘을 잃어버리면, 마음의 근본을 잃고 좁은 편견에 갇혀 악다구니하면서 그렇고 그런 삶을 살게 될 것입니다.

또한 공자는 "아주 좁은 범위에서 인정받는 것으로 만족하는 사람을 향원鄕原이라 하는데, 이런 사람도 덕을 망치는 사람[鄕原 德之賊也]"이라고 했습니다. 좁다란 집단 내에서 형성된 단편적인 명성과 시각에 갇혀 자기를 끌고 가며, 원래의 마음을 갖고 자기를 인도하지 못하기 때문에 그 사람에게 덕은 항상 주변으로 밀려나게 됩니다. 이런 사람에게는 순간적이고 세속적인 명성이 중요하지 인격적 깊이 같은 것은 안중에 없지요. 향원으로 사는 것은 결국 덕의 상실 때문입니다.

問

조선 시대부터 지금에 이르기까지 도가사상이 지배적 이데올로기로 자리 잡은 시대가

있었는지 궁금합니다. 또 역사상 철기와 산업혁명이 엄청난 경제·사회적 변화를 몰고 왔

는데, 지금의 IT 정보화 혁명이 또 다른 변혁기가 아닌가 생각합니다. 어떻게 보면 현재

한국 사회를 대표하는 시대정신이 도가사상이 아닐까 싶은데요.

한국 사회에 도가사상을 어떻게 접목하면 우리가 더 다양한 가치를 수용하며 발전할 수

있을지, 또 현대 사회에 맞춰 변형할 수는 없는지, 그런 노력이 철학계에서 이뤄지고 있

는지 궁금합니다.

答

저는 이 시대를 위해 노자에게 얻을 영감이 상당히 많다고 봅니다. 강의

에서도 계속 강조하는 바입니다.

그런데 이렇게 볼 수는 있을 겁니다. 세상의 흐름을 봤을 때 세상이 다

양성을 인정해주는 방향으로 흐르고 있는지, 소품종 대량생산에서 다품

종 소량생산으로 나아가고 있는지, 집중통일에서 분산통일로 나아가고

있는지, 지방자치가 강화되는 방향으로 나아가고 있는지를 생각해보십시오. 우리가 만일 그런 방향으로 가고 있다면 노자로부터 어떤 통찰을 얻어야 한다고 봐요.

또 하나 명심할 점은 우리가 어떤 사상을 공부할 때 그 사상을 현실에 그대로 적용할 수 없다는 겁니다. 그대로 적용하려 한다면 어리석은 일이에요.

우리는 노자에게서 '세계를 봐야 하는 대로 보지 말고 보여지는 대로 보라'는 인사이트를 구할 수 있을 겁니다. 또 '이념의 수행자가 되거나 이념으로 세계를 지배하려 하지 말고 구체적인 세계에서 이념을 만들라'는 인사이트도 얻을 수 있을 거예요. 그러기 위해서는 인간 혹은 사회가 보다 독립적이고 주체적으로 바뀌어야겠지요. 스스로 생산한 이념으로, 우리 토양에 맞는 어떤 시스템을 만들어내는 것입니다. 저는 이런 자세야말로 노자가 줄 수 있는 통찰이라고 봅니다.

한반도에서는 고려 시대에 도교가 상당히 번창했습니다. 그러다가 조선이 건국 이데올로기로 유학을 채택하면서 도교가 짓밟히게 되었지요.

도교 의례의 핵심은 통치자가 하늘에 제사를 드리는 겁니다. 그런데 유학에서는 왕에게 이 권한을 허용하지 않아요. 왕들은 하늘에 제사지내는 권한을 빼앗기지 않으려 했지요. 태조 이성계도 혁명을 한 다음 가장 먼저 개성의 도교 사원에 가서 하늘에 제사를 드리잖습니까. 이때 신하들은 왕에게 제후국의 왕이 어찌 중국 천자가 할 일을 하려 하느냐며 견제했습니다.

도교가 조선 역사에서 축소되어가는 과정은 왕권과 신권 사이에 대립이 어떻게 진행되었는지를 보여주는 중요한 단서입니다. 왕은 '제후국의 왕'으로 남기보다 하늘에 직접 제사를 드리는 '최고의 왕'이 되고 싶어서 하늘에 제사를 지내는 도교의 의식을 지키려 했고 신하들은 이를 막으려 했어요. 결국 점점 이 제도가 축소되다가 사라지고 맙니다. 신권이 강화된 것이지요.

　　조선 시대에 도교의 힘이 빠져가는 과정을 매개로 신권과 왕권의 대립 관계를 연구하는 것도 아주 흥미로운 테마가 될 것입니다.

2강

―

'생각하는 힘'이 만든 역사

주변과 중심의 역전,
그리고 '철학'의 탄생

먼 옛날 중국 역사를 끌고 가던 사람들은 자신들의 나라를 '주'라고 이름 붙이고 새로운 시대를 열었습니다. 주나라는, 상나라를 멸망시키고 중원을 장악한 희姬 씨가 중심 씨족이 되어 건립한 나라입니다. 주나라는 두 시기로 나뉘는데 전반기를 서주(기원전 1046~기원전 771), 후반기를 동주(기원전 770~기원전 256)라고 해요.

　동주는 또 춘추와 전국이라는 두 시기로 구분됩니다. 이 두 시기를 합쳐서 흔히 춘추전국시대라고 하지요. 기원전 770년부터 기원전 476년까지를 춘추春秋 시기라고 부르는 이유는, 공자가 편찬한 것으로 알려진 노魯나라의 편년체 역사책《춘추春秋》가 그 시기를 기술하고 있기 때문입니다. 그리고 기원전 475년부터 기원전 221년까지를 전국戰國 시기라고 하는데, 당시 유세가들의 언설이나 책략 등을 모은《전국책戰國策》이라는 책 이름에서 유래했습니다.

중국에서 인문사조의 시작, 즉 철학이라고 하는 본격적인 '생각의 탄생'은 바로 춘추 말에서 전국 초 사이에 일어난 일입니다. 이 지점에 도달하기 위해서 우리는 베이징원인에서부터 덕의 출현까지 개략적으로 이야기하고 있는 중이지요. 춘추 말에서 전국 초 사이 세계가 어떤 변동을 겪었길래 인간이 '철학'의 길로 나아가게 됐는지를 살펴보도록 합시다.

공자는 "주나라는 하나라와 은나라를 거울 삼아 참고했는데, 인문적 특색이 찬란하게 빛났다. 나는 주나라를 따를 것이다"라고 말했어요. 여기서 공자가 따르겠다는 주나라는 서주 시기의 주나라입니다. 신이 지배하던 은나라와 달리 인문적 분위기가 팽배하고 새롭게 전개된 효율적 제도들이 안정적으로 유지되던 주나라 초기를 공자는 매우 이상적인 시대로 간주하고 있었습니다. 그렇다면 서주는 어떻게 안정적인 번영을 이루었을까요?

주나라가 은나라와 달리 효율적으로 거대 국가를 경영할 수 있었던 건 시대에 맞는 적절한 제도를 새로 만들어 운용한 덕분이었지요. 봉건제도가 대표적입니다. 이때 왕은 '왕기王畿'라고 하는 직할지를 직접 다스리고, 나머지 영지는 동성同姓 친족들이나 태공망처럼 개국할 때 혁혁한 공을 세운 소수의 공신들에게 나눠줬습니다. 왕은 이들을 세습 제후로 봉封해 일정한 자치권을 부여하는 대신 그 대가로

군사적 봉사와 공납을 받았으니 이것이 봉건제도의 핵심이지요.

이 씨족적인 봉건의 결합을 견고하게 했던 힘이 바로 종법제도였어요. 신으로부터 이탈하려는 인간의 몸부림 혹은 자신의 위치를 이세계에 우뚝 세우려는 부단한 인간의 시도 덕분에, 신석기시대 후기에 싹트기 시작한 종법제도의 맹아는 역사적 시련 속에서도 잘 자라나 주나라 통치의 기둥이 되었습니다.

은나라 때까지의 종법제도가 혈연을 기초로 해 부권父權을 강화하는 데 제한돼 있었다면, 주나라에 와서는 그것이 국가제도와 정치제도의 뿌리로 기능할 정도로 제도화됐지요. 주나라 사람과 은나라 사람의 관계, 천자와 제후의 관계를 종법제도의 틀 속에서 지배·피지배 관계로 구조화한 것 등이 그 예라 할 수 있어요.

종법제도의 영향력은 여기에 그치지 않고 통치 권력의 분배 문제나 군신 상하 간의 등급 문제에까지 파급됐습니다. 이런 모든 구조적관계는 종법제도의 '대종'과 '소종' 관계를 구체화한 것들이었어요. 그동안 모든 것을 판단하고 결정해주던 '천명'이라는 개념은 이제 인간이 혈연을 근거로 형성한 제도를 통해 제한되기 시작했습니다. 이는 주나라 중기 이후, 즉 동주 시기에 나타난 인문사조의 발흥을 예비하고 있는 것이지요. 인간에 의해서 발견된 인간적 특질이 제도로서 구조화될 정도로 인간이 만들어내는 의미가 점차 확장되고 있기 때문입니다.

국가 운영에 있어서 가장 중요한 것 중 하나는 당연히 돈, 즉 재정입니다. 국가 재정은 조세제도에 의해서 유지됩니다. 한 국가의 건전성은 조세제도가 얼마나 건강하게 유지되고 있는가에 의해 판가름되지요. 조세제도에 국가 운영의 근간을 이루는 도덕성과 제도 운영 능력 등이 모두 관련되어 있기 때문입니다. 주나라가 새롭게 창안한 조세제도는 바로 정전제井田制였어요. 동주 시기의 혼란도 서주 시기에 잘 운용되던 이 정전제가 흔들리는 것으로 모두 설명할 수 있습니다.

맹자가 남긴 정전제에 관한 기록에 따르면, 사방 1리里의 토지를 우물 정井 모양으로 구획해 아홉 부분으로 나누면 한 부분이 1백 무畝(논밭 넓이의 단위인 '묘'의 원말)로 총 9백 무의 토지가 되는데 이를 1정井이라고 했습니다. 아홉 부분으로 나뉜 이 1정 가운데 여덟 부분은 가구당 한 부분씩 나눠 갖고 그것을 경작해 생활했습니다. 그리고 나머지 한 부분을 공동으로 경작해 세금으로 납부했지요.

세금을 만들어내는 공동 경작지를 '공전公田'이라 부르고, 8가구가 연명하기 위해 차지한 각 경작지를 '사전私田'이라 불렀습니다. 원칙은 반드시 공전에서 먼저 일하고 나중에 사전에서 일하는 것이었지요.

초기의 조세제도는 공동 경작한 수확물을 바치는 것이었어요. 그러나 '공동 생산'이 비생산적이라는 것은 역사를 통해 증명됐지요. 모두가 성인군자가 되지 않으면 불가능한 것이 공동 생산입니다. 규정상으로는 공전에서 먼저 일하고 그다음 사전에서 일해야 했지만, 시간이 흐를수록 사람들은 세금을 만드는 공전보다 직접적으로 자기소유물을 만들 수 있는 사전을 더 중시하게 되었지요. 그래서 정전제를 시행하는 동안의 다양한 기록물에서는 어떻게 하면 백성들로 하여금 공전에서 먼저 일하고 나중에 사전에 가서 일하도록 계몽할 것인지가 큰 주제 가운데 하나였습니다.

당시에도 사람들은 자신에게 직접 소득을 가져다주는 사전을 더 중시하고, 어차피 수확물을 세금으로 모두 바치게 되는 공전에서 일을 등한시했던 모양입니다. 게다가 자연 조건의 불확실성으로 세금 양이 일정하지 않으리라는 것도 매우 자연스러운 결론이지요. 조세가 일정하게 걷히지 않으면, 국정을 안정적으로 이끌 수 없죠. 이렇게 되면 중앙정부에서는 재정을 일관되게 집행할 수 없게 됩니다. 결국 조세제도를 바꿀 수밖에 없는 것이죠.

공동으로 노동을 해서 그 수확물을 세금으로 내면 세금의 양이 일정하지 않을 뿐만 아니라 점점 줄어드는 추세로 나아가니, 납부해야 할 세금의 양을 일정하게 정해주는 방식으로 조세제도를 바꾼 것입니다. 기원전 594년부터 노나라에서 '초세무初稅畝'라는 제도를 새로 실시하는데 이는 토지면적에 따라 일정량의 세금을 납부하는 제도예요. 즉 노역을 통해서 생산된 수확물을 납부하는 방식에서 일정하게 정해진 현물을 납부하는 방식으로 바뀐 것입니다.

이렇게 되면 노동을 통해서 세금을 만들어내던 백성들은 어떻게 해서든지 정해진 양만 채우면 되기 때문에 토지로부터 어느 정도의 자유를 확보하는 결과가 나타났어요. 이는 사회 변화의 흐름을 만드는 주요한 요인으로 작용합니다. 백성들이 토지로부터 일정한 자유를 확보했다는 것은 새로운 업종, 즉 상업이 활성화되는 계기가 생겼다는 뜻이고 기존의 지배·피지배 구조로부터 받는 억압이 훨씬 덜해졌다는 것을 반영하지요.

공전과 사전 사이에 존재하던 비중 변화는 당시 인간 사유의 변화를 보여줍니다. 인류 역사는 소수가 다수를 정복하고 주변이 중심을 공격하는 방식으로 진행돼요. 힘의 비중이 공전에 가 있을 때는 당시 '중심'을 차지하던 혈연 귀족들이 당연히 안정적인 지배권을 행사했지요. 그러나 조세제도가 현물지대 방식의 제도로 바뀌면서 사전이라고 하는 토지에 종속돼 있던 '주변'으로서의 백성들이 자유를 확보하게 돼 이전에 비해 상대적으로 더 힘을 갖게 됐습니다.

공전에 무게중심이 더 가 있을 때는 인간에 비해서 하늘이, 제후에 비해서 천자가, 소인에 비해서 군자가 월등한 지배력을 가졌지만, 이제는 점점 사전을 둘러싸고 있는 것들에 상대적으로 힘이 쏠리면서 인간과 제후와 소인이 점점 고개를 바짝 들게 된 것입니다. 주변과 중심의 역전 현상이 이미 진행되고 있었고, 신과 인간 사이의 힘의 역전 현상도 시작된 것입니다.

철기,
부의 흐름을 바꾸다

정전제가 흔들리면서 조세제도가 노역을 통해 만들어낸 수확물 납부 방식에서 정해진 생산량을 납부하는 방식으로 바뀌자, 사람들은 어떻게 해서든지 정해진 조세 양만 채우면 나머지 시간을 마음대로 쓸 수 있게 되었습니다. 때문에 토지에 종속되어 연명하던 노예 수준의 일반 백성이 일정 부분 토지로부터 자유를 획득하게 됐지요. 노예 수준의 일반 백성을 보통 '소인小人'이라고 불렀는데, 계급적으로는 혈연을 기반으로 하던 세습 귀족인 '군자君子'와 대립 관계에 있었습니다.

공자는 《논어》 〈이인〉에서 "군자는 덕을 생각하고, 소인은 땅을 생각한다[君子懷德 小人懷土]"라고 말합니다. 당시 '덕'이라고 하는 개념은 신과의 관계 속에서도 전혀 눌리지 않을 인간의 독립적인 자존감을 지탱하던 중심 기반이었어요. 그런데 이것을 혈연적인 세습 귀족인 군자들이 장악하고 있었던 것이죠. 거칠게 말하면 군자만이 신과 대비적인 관계를 유지할 수 있도록 허락된 인간이었습니다.

소인은 당시 상승하던 인간의 지위를 전혀 누릴 수 없었고 그저 노동력의 원천일 뿐이었죠. 즉 군자는 글을 읽고 소인은 땅을 팠으며, 군자는 향유하고 소인은 생산했습니다. 군자는 위에 있고 소인은 아래에 있었어요. 그런데 조세제도가 변화하면서 소인이 제한된 범위에서나마 일정 부분 자유를 획득하게 되자 지배하는 군자와 지배받던 소인이라는 이 안정적인 이분 구도에 균열이 가기 시작합니다. 이 균열이 중국 역사상 가장 혼란스러웠다고 평가되는 춘추전국시대 변화의 가장 근본적인 출발점이지요.

이 균열을 더욱 가속시키거나 분명하게 만든 계기가 바로 '철기'라는 전혀 새로운 기술 문명의 등장입니다. 중국에서 철기는 기원전 6세기경에 발명됐는데, 그것이 산업에 투입되기 시작한 것은 춘추 말엽부터예요. 기원전 5세기 전후의 일입니다. 철기가 투입되기 이전의 농업 노동 현장에서는 주로 석기를 사용했어요. 청동기는 강도가 세지 않아 산업에서 도구로 사용하기에는 한계가 있었고, 따라서 농업 위주였던 당시의 산업 현장에서는 주로 석기를 사용했습니다. 철기가 발명되고 나서 한참 시간이 흐른 후에야 산업 현장의 도구는 석기에서 철기로 대체되지요.

철기가 발명됐다는 사실은 철기를 중심으로 전혀 다른 세계가 전개된다는 것을 의미합니다. 잠깐 눈을 감고 자기 거실 풍경을 한번 생각해보세요. 정중앙에 큰 텔레비전이 있습니다. 이제 상상 속에서 그 텔레비전을 없애봅니다. 이때 기존에 있던 풍경 속에서 단순히 텔레비전만 사라졌다고 받아들인다면 인문학적 통찰은 불가능해요. 거실에서 텔레비전이 사라진다면 이는 전혀 다른 풍경을 만들어낼 것입니다. 왜냐하면 텔레비전을 중심으로 엮여 있던 가족 간의 대화 메커니즘이나 권력 관계가 텔레비전이 사라짐과 동시에 전혀 다르게 재조정될 수밖에 없기 때문입니다.

이런 맥락에서 철기의 발명은 여타의 것들이 새로 등장하는 것과는 차원이 다릅니다. 물건을 생산하는 방식과 그것을 유통하는 방식이 달라지면 그런 변화를 중심으로 계급이 재편될 수밖에 없고, 이 계급의 재편이 바로 사회 변화의 가장 심층적인 요인이 되는 것입니다.

철기가 농업에 투입되자 석기를 사용하던 그 이전과 비교해서 급격하게 생산력이 증가했어요. 철기는 재질이 단단하면서도 열을 가해 필요한 모양의 연장으로 가공할 수 있기 때문에 이전에 쓰던 석기보다 훨씬 더 효율적이었죠. 우선 땅을 깊게 팔 수 있어서 심경법深耕法이 가능하니 토심이 좋아져서 수확량이 늘어나고, 관개수로를 만들어서 불모지를 개간해 농지를 확대할 수가 있으니 또 수확량이 늘어납니다. 이렇게 기존 생산력에 맞춰져 있던 부의 흐름과 관리 시스템을 넘어서는 생산력이 가능해졌습니다.

이제 당시 소외 계층이었던 소인들이 부를 축적하게 됩니다. 철기가 소인들에게 부를 축적할 수 있는 기회를 줘 지배－피지배로 고착화돼 있던 계급 관계를 뒤흔드는 계기가 된 것은 분명합니다. 부는 속성상 권력화를 지향하지요. 부를 축적한 일부 소인은 축적한 부를 바탕으로 군자와 같은 지위를 누리려는 열망을 표출합니다. 즉 신분 상승을 도모한 것이지요. 상승하려는 소인과 자신의 지위가 흔들릴까 두려워 소인을 억누르려는 군자 사이에는 충돌이 빚어질 수밖에 없었어요.

《논어》〈자로子路〉에는 당시의 이 첨예한 계급 갈등의 실제적인 의미가 감춰져 있는 한 구절이 나옵니다.

君子和而不同 小人同而不和
훌륭한 사람(군자)은 각자의 차이를 인정하는 조화를 도모하지
모두 유니폼을 입혀 놓은 것처럼 똑같게 하려 하지 않는데,
좀 부족한 사람(소인)은 유니폼을 입혀 놓은 것처럼
똑같게 하려 하지 차이를 인정하는 조화를 추구하지 않는다.

군자는 계급적 이분 구도, 즉 지배 – 피지배로 짜여진 군자 – 소인
의 관계에서 이익을 차지하는 쪽이었습니다. 당연히 이 안정적인 이
분 구도가 흔들리는 것을 달가워할 리가 없겠죠. 그래서 치고 올라오
려는 소인들을 향해서 군자는 "군자와 소인은 계급이 다르기 때문에
서로 다르게 부여된 사명의 차이를 인정하고 각각의 차이나는 사명
을 수행함으로써 전체적인 사회의 조화를 이뤄야지, 다른 두 계급이
아무 구분 없이 같아져 버리면 안 된다"고 말하는 것입니다.

이에 대해 소인들은 군자를 향해서 말합니다. "차이를 인정하는 조
화라는 것에는 지배 – 피지배로 짜여진 계급적 구분을 그대로 유지
하겠다는 의도가 숨겨져 있다. 이런 계급적 구분에서 우리는 항상 손
해만 봤다. 부도 어느 정도 축적됐으니 이제는 군자인 너희들과 차이
없이 같아져야 하겠다!"

철기의 발명으로 빚어진 산업 생산력의 폭발적인 확대는 서주 시

대까지 안정적으로 유지되던 군자-소인의 이분 구도를 와해시키기에 충분한 물적 토대를 제공했습니다. 이 두 계급 간의 갈등이 춘추전국시대 혼란의 핵심이지요.

춘추 말기부터 전국 초기 사이에 벌어진 이 계급 갈등이 전국 말기까지 지속되면서 중국 역사 발전 추세의 진면목이 드러나게 됩니다. 즉 철기의 발명으로 등장한 새로운 계층이 소인들 속에서 탄생하는 것입니다. 이들은 상업으로 무장했고, 이후의 중국 역사는 상업으로 무장한 소인 계층은 계속 강해지고 성장하는 반면, 혈연적 세습으로 기득권을 유지하던 군자 계급은 점점 약화되는 추세로 이동하지요. 성장한 소인들이 점점 확대되고 강해지다 어느 단계에 이르러 혈연적 세습 귀족을 모두 타도할 수 있다고 판단해 계급 전복을 도모하는데, 이것이 정치적으로 성공한 역사적 사건이 바로 진시황의 등장입니다.

진시황은 춘추전국시대를 마무리하는 역할을 완수한 인물로서 의미를 부여받아요. 이는 철기 발명으로 새로 촉발된 역사적 발전 추세를 일단락 지은 것으로 해석할 수 있습니다. 진시황이 시행한 많은 통일 정책은 소인들로부터 성장한 신흥 자본가 계급의 이익을 대변하고 구舊귀족들의 세력을 일소하려는 정치적 목적으로 기획된 것들이지요.

지금까지 춘추전국시대 변화 가운데 가장 근본적인 갈등의 발생

처, 즉 계급적 갈등 구조에 대해 살펴보았습니다. 철기의 발명에서 어떻게 계급 갈등이 빚어지는지, 그리고 그것이 어떻게 진시황의 통일까지 이어지는지를 이해하는 것이 요점이 되겠습니다. "춘추전국 시기 혼란의 가장 근본적인 요인은 무엇인가?"라는 질문에 "철기!"라고 대답합시다.

하늘의 시대에서 땅의 시대로

공자는 《논어》〈팔일八佾〉에서, '계씨季氏'라고 하는 대부大夫에 대해 "마당에서 팔일무를 추게 하니 이것을 참을 수 있다면 무엇인들 참 아내지 못할 것이 있겠는가"라고 말합니다. 대부의 위치에 있는 계씨가 자기 집 정원에서 대오를 이뤄 춤을 추게 하고 즐기는 것을 본 다음 매우 불쾌해하면서 이보다 더 참고 보기 어려운 일은 없을 것이라고 비난하는 내용이지요. 일무佾舞는 제례 때 그 제례가 갖는 위치에 맞게 합당한 권위를 표현하도록 만들어 추는 춤입니다. 그래서 팔일무八佾舞는 종횡으로 8명씩 64명이 대오를 이뤄 추고, 육일무六佾舞는 종횡으로 여섯 명씩 36명이 추지요. 이 춤의 규모는 계급이나 직위에 따라 다른데, 천자는 팔일무, 천자 밑의 제후는 육일무, 대부는 사일무四佾舞 그리고 사士는 이일무二佾舞를 추게 할 수 있습니다.

이 이야기는 공자가 지위와 계급에 정해진 행동 양식을 따르지 않고 참람하는 것, 즉 윗사람의 행동 양식을 아랫사람이 함부로 취하는 행태를 비판하는 내용이에요. 계씨는 대부입니다. 대부라면 마땅히 사일무를 시행해야 함에도 불구하고 두 단계나 건너뛰어 천자가 누리던 팔일무를 즐기고 있어요. 천자와 대부 사이의 엄격한 신분 격차가 구체적 상황 속에서 제대로 지켜지지 않을 뿐 아니라 그것이 심하게 훼손됐음을 알게 해주는 내용입니다. 종법제를 바탕으로 형성된 정치 구조 속의 지배, 피지배 관계가 흔들리고 있음을 알 수 있어요.

《논어》〈계씨〉에는 다음과 같은 공자의 말이 기록돼 있습니다. "천하가 잘 다스려지고 있을 때는 이념과 교화 체계, 군사 결정권이 천자로부터 나오는데, 천하가 잘 다스려지지 않을 때는 제후로부터 나온다. 이런 핵심적인 의사결정권을 제후가 행사하면 대개는 10대 이내에 망하지 않는 경우가 드물고, 가신인 대부가 행사하면 5대 안에 망하지 않는 경우가 드물고, 그 밑에 배신陪臣들이 국가의 명령을 집행하면 삼대 안에 망하지 않는 경우가 드물다. 천하가 잘 다스려지면 정사가 대부의 손에 달려 있지 않고 천하가 잘 다스려지고 있다면 일반 백성들이 정치에 대해서 이렇다 저렇다 따지지 않는 법이다."

공자는 아마 당시 정치는 이미 천자와 제후 사이, 제후와 대부 사이 심지어는 천자와 대부 사이에 존재해야 할 엄격한 구분 자체가 많이 흔들리고 있다고 본 것 같습니다. 그 구도가 깨진 상황을 공자는 잘 다스려지지 않은 상태, 즉 천하무도天下無道한 상태라고 했어요. 공자 눈에 비친 당시의 정치 상황은 이 안정적인 이분 구도가 깨져가고 있거나 아니면 이미 많이 깨진 상황이었습니다.

군자와 소인 간에 계급 충돌이 춘추전국시대 혼란의 근본 발생 지점인데, 이 지점은 점점 확대, 성장해 정치 구조에까지 그대로 파급됩니다. 종법제도를 근간으로 한 주나라의 정치 구조는 지배하는 천자와 지배받는 제후들의 이분 구도가 기본 구조였어요. 주나라는 기원전 1046년에 건국했는데, 주로 동성同姓인 희씨姬氏들에게 영지를 분봉해 제후로 삼았었지요. 그런데 지금 우리가 논하고 있는 정치 구조 속에서의 이분 구도 붕괴는 서주의 상황이 아니라 동주의 상황이니 적어도 기원전 770년 이후의 일입니다.

그렇다면 주나라 건국으로부터 3백여 년이라는 시간적 간격이 존재합니다. 3백여 년이 지나고 나면 당연히 주나라 초기에 천자와 제후들 사이에 존재했을 끈끈했던 혈연적 유대감은 느슨해질 수밖에 없게 되지요. 여기에다 전쟁으로 영토를 확장하면서 중앙으로부터 지리적 거리도 점점 멀어지게 됐으니 중앙에 대한 혈연적 충성심은 더욱 약화될 수밖에 없어요. 또한 산업 현장에 철기가 투입돼 생산력이 올라가서 제후들이 부를 축적하게 되자 상대적으로 강화된 힘으로 천자에게 도전하려는 시도가 생길 수밖에 없었을 겁니다.

춘추전국시대의 역사 발전 과정에서는 계급적으로 소인의 힘이 점점 확대됩니다. 비슷한 구도로 정치적으로는 제후들의 힘이 점점 확대돼 천자의 힘을 약화시켜 나가다가 결국 제거해버리는 방향으로 전개되지요.

서주와 동주를 가르게 되는 시점에 처했던 서주의 마지막 왕인 제12대 유왕幽王에 관한 이야기를 들어봅시다. 시안에서 동쪽으로 35킬로미터 떨어진 곳에 양귀비가 목욕을 했던 화칭츠[華淸池]라는 곳이 있습니다. 그 화칭츠의 배경으로 리산 산이 자리 잡고 있지요. 리산 산에는 서주의 유왕이 그의 애인 포사를 위해 봉화를 올리던 봉화대가 아직도 있고요. 봉화대는 원래 외적의 침입이 있을 시 이를 알리는 봉홧불을 올리던 곳입니다. 찡그리고 있던 포사를 어떻게 하면 웃게 할 수 있을까 고민하던 유왕은 거짓 봉화를 올려버립니다. 봉홧불이 올라오자 소종인 제후들은 외적이 침입한 줄 알고 급히 대종인 천자를 옹위하기 위해 달려왔다가 유왕이 거짓으로 봉홧불을 올렸다는 것을 알고는 어깨가 축 처져서 돌아가곤 했어요. 이를 본 포사가 웃자 유왕은 이 장난을 계속했습니다. 그러던 중 진짜로 견융족이 침입해 오자 유왕은 급히 봉화를 올렸지만 제후들은 이것도 거짓인 줄 알고 달려오지 않았지요. 결국 이렇게 전반기의 주나라, 즉 서주는 막을 내리게 되는 것입니다. 이 이야기 속에서 우리는 천자가 군대를 요청해도 제후들이 달려오지 않는 상황을 볼 수 있습니다. 정말 포사 때문에 그렇게 됐는지 여부는 알 수 없지만, 천자의 명이 더 이상 서지 않게 된 현실만큼은 분명히 짐작할 수 있지요.

천자의 힘이 상대적으로 제후들보다 약화되자 정국의 주도권이나 의사결정권은 천자로부터 제후들에게로 넘어갔습니다. 이렇게 되자 천하에는 제후들만 남게 됐고, 제후들은 천하의 패권을 놓고 서로 각축하는 전쟁 상태로 돌입해요. 주나라 초기 제후국들은 매우 많았는데, 1천여 개의 제후국이 있었다는 주장도 있고, 3천여 개의 제후국이 있었다는 주장까지도 있어요. 구체적인 기록으로 보면 아마 71개의 제후국이 분봉됐던 것으로 보입니다. 그 가운데 53개는 동성 제후국이었고, 나머지는 이성 제후국이었어요.

이 다수의 제후국들은 천자의 조정능력이 사라지자 서로 천하의 패권을 다투게 됐고, 전쟁이 격렬해지고 장기화되면서 살아남는 나라의 개수는 점점 줄어들었습니다. 나라의 개수가 줄면 그 규모는 커지게 되죠. 춘추전국 시기의 역사 발전은 개수는 많고 규모는 작은 나라들에서 개수는 적고 규모는 큰 나라들로 바뀌며 진행되었습니다. 전국 시기에 이르면 7개의 강대한 나라들로 재편돼요. 이것이 소위 전국칠웅戰國七雄입니다. 이 재편의 종착역은 천하가 '하나'로 귀결되는 것이었어요. 이 하나로의 귀결이 바로 진시황의 통일입니다.

법法의 등장이
말해주는 것

'하늘과 인간의 관계'라 하면 매우 추상적으로 들리지요. 뜬구름 잡는 얘기 같기도 하고 뭔가 형체가 분명하지 않은 것을 잡고 괜히 억지 설명을 하는 것 같기도 합니다. 하지만 사실은 매우 구체적이고 실제적이에요. 최소한 춘추전국 시기에는 그랬습니다. 당시의 사람들은 이 지상 세계가 움직이는 정당성이나 힘은 모두 하늘에서 온다고 생각했어요. 그래서 사람은 하늘의 지배를 받는다는 사실을 당연하게 여겼죠. 인간이 기꺼이 따르기로 하고 받아들이던 하늘의 권위 있는 명령을 당시 사람들은 '천명'이라 불렀습니다.

그러나 자신의 지위를 부단히 상승시킨 노력의 결과로 사람들은 '덕'이라는 인간성을 찾아내었고, 이것을 하늘과 인간의 움직임을 규정하는 일정한 틀로 삼으면서 하늘의 영역은 제한되고 줄어들었으며 인간의 활동 범위는 확대됐습니다. 인류 역사에서 인간의 투쟁은 궁극적으로 인간을 넘어서 존재하는 보편적 절대자를 상대로 하지요. 이 보편적 절대자와의 투쟁에서 중국인들은 역사 초기부터 승전勝戰의 예고편을 쓰게 된 겁니다.

그동안 하늘은 인간을 절대적으로 지배했어요. 춘추전국시대가 열리기 전인 서주 시대까지는 이것이 확실한 구도였지요. 인간과 보편적 절대자 사이에 구조화된 권력 관계는 반드시 현실의 정치적 권력 관계로 전이됩니다. 지상에서 활동하는 하늘의 대리인은 '하늘의 아들', 즉 천자였습니다. 천자는 하늘을 대신해 지상을 다스렸으니 지상의 모든 권력은 천자에게 집중되어 천자 마음대로 지배하였습니다. 그래서 지방의 일정 영역을 다스리는 권한을 가진 제후도 결국은 철저하게 천자의 지배하에 있게 되었지요. 그것이 천자와 제후 사이에 존재하던 지배 – 피지배 구도로 나타났습니다.

천인관계의 구도는 정치적 권력 관계로 전이되고, 이 전이의 동력은 가장 밑바탕을 이루는 계급 관계에 이르러 확실하게 매듭을 짓습니다. 그것이 군자와 소인 사이의 지배 – 피지배 관계였어요. 공자가 《논어》〈팔일〉에서 "주나라를 따르겠다[吾從周]"며 칭송하던 주나라는 정치가 매우 안정돼 있던 서주 시대를 가리킵니다. 그럼 서주 시대의 정치적 안정은 어떤 모습이었을까요? 한마디로 정치적으로는 천자와 제후 그리고 계급적으로는 군자와 소인 사이에 작동되던 지배 – 피지배의 이분 구도가 안정적으로 유지된다는 것이었습니다.

그런데 앞에서 이미 보았듯 정치적·계급적 이분 구도의 안정성은 동주 시대에 들어서면서 심하게 훼손됩니다. 세속적 이분 구도의 안정성이 깨졌다는 말은 이 세속적 이분 구도를 유지해주던 배후의 권위에 치명적 손상이 가해졌다는 뜻이지요. 마침내는 하늘과 인간 사이에 존재하던 지배 – 피지배 구도의 안정성도 깨지게 된 겁니다. 지상의 정치 영역에서 피지배적 위치에 있던 소인과 제후들은 철기가 산업에 투입된 이후 세력이 커졌습니다. 이들은 그 힘으로 지배적 위치에 있던 군자와 천자를 제거해나갔는데 이런 일이 인간과 하늘 사이에서도 똑같이 벌어졌어요. 인간이 하늘을 제거해버리려 했던 겁니다.

부자와 가난한 사람의 차이는 무엇일까요? 바로 다룰 수 있는 범위, 해결할 수 있는 일의 수준 차이지요. 부자는 가난한 사람보다 많은 일을 해결할 수 있고 다룰 수 있는 범위도 더 넓습니다. 그래서 부자는 가난한 사람보다 자신에 대한 신뢰가 높아요. 자신에 대한 신뢰가 높은데 자신을 넘어서 힘을 발휘하는 어떤 존재에 의존한다는 것은 불가능해요. 즉, 철기가 산업에 투입되고 나서 급격히 상승한 주나라의 생산력은 인간의 자부심을 키우는 동력이 됐고, 그 자부심은 마침내 천명의 절대 권위가 더 이상 필요하지 않다고 느끼도록 했습니다.

안정적 이분 구도가 깨지도록 작용한 가장 근본적인 원인은 바로 철기였습니다. 생산수단의 변화는 계급 관계를 변화시키고 정치 구조에 영향을 미치며 세계관을 전환시킬 정도로 큰 힘이 되는 것입니다.

《시경詩經》〈우무정雨無正〉에는 다음과 같은 기록이 있어요.

넓고 넓은 하늘이 그 사랑하심이 일정치 않으시어,

난리와 기근을 내려 사방의 백성들을 정벌해 죽이셨으니,

하늘이 포악하고 무서운 것은 사람들이 그를 배려하고

따르지 않았기 때문이네.

죄 있는 자는 풀어줘 죄가 숨겨지고,

죄 없는 사람들은 모두 괴로움을 당하는구나.

주나라 종실이 이미 망해 머물러 살 곳도 없게 됐으니,

높은 관리들은 모두 흩어져 우리의 고통은 알지도 못하고,

삼공과 대부들은 새벽과 밤에 천자를 뵈러 오지도 않고

나라의 제후들은 조석朝夕으로 천자께 문안드리지 않으니

착해지기 바라건만 도리어 더욱 악해지네.

———

이 한 편의 시에는 당시 주나라가 망해가는 모습이 묘사돼 있습니다. 제후뿐 아니라 삼공과 대부들까지도 천자를 무시하게 됐으니 춘추전국 시기의 혼란을 쉽게 짐작할 수 있겠지요. 게다가 하늘과 인간 사이의 균열도 드러납니다. 하늘은 자비심이 없이 포악해져 버렸는데, 이는 사람들이 하늘을 배려하지도 따르지도 않기 때문입니다. 하늘과 인간이 각자의 입장에서 상대를 존중하거나 아껴주지 못하고 대립돼 있지요. 이 모든 현상은 인간으로 하여금 하늘이 일관성 없는 존재라는 생각을 하도록 만듭니다. 하늘이 일정치 않고 가변적인 것이라는 인상을 준 것은 이미 천명을 받은 은나라가 멸망하고 천명도 받지 않았던 주나라가 건국해 중원을 장악하면서부터 시작됐어요. 그런데 이제는 하늘에 대한 부정적 인상이 암시적으로 감춰진 것이 아니라 표면에 정면으로 드러나는 지경에까지 이른 겁니다. "하늘이 일정하지 않고, 인간에게 더 이상 따뜻하지도 않으며, 평화롭지도 않다[昊天不傭 昊天不惠 昊天不平]"는 표현들이 이미 빈번히 나타났습니다.

하늘이 보호하던 인간 세상의 이분 구도가 와해되면서 하늘 또한 대단찮은 존재라는 인식이 확산됐어요. 하늘이 점점 무시되고 제거돼 가는 역사 발전 추세는 하늘의 뜻이라고는 하나도 개입돼 있지 않은 '법法'이 등장하면서 완결됩니다. 즉 법이 세워진 것은 하늘이 인간에 의해 완전히 극복돼 제거됐음을 의미해요. 진시황이 등장한 것도 바로 이때예요. 진시황에게 힘을 주던 법가法家라는 이데올로기는 급작스럽거나 돌출적인 것이 아닙니다. 춘추전국시대 '천명론 극복'이라는 사명을 떠안은 중국인들의 부단한 투쟁이 불러온 매우 착실한 결과인 것이지요. 이런 이유로 '천명론의 극복'은 춘추전국시대 중국인들에게는 하나의 시대적 사명이 됐어요. 이때 등장한 몇몇 사람들을 공자나 노자 혹은 묵자라는 이름으로 거명하고 그들에게 철학자라는 칭호를 붙이는 이유는 바로 그들이 시대적 소명을 피하지 않고 나름대로 천명이라는 신의 그림자로부터 벗어나려는 시도를 어느 정도 성공적으로 해냈기 때문입니다.

요컨대 중국 역사에서 진시황을 등장시킨 것도 결국 철기였습니다. 그렇다면 요즘 우리 사회에서 벌어지고 있는 계급의 동요, 정치 구조의 한계, 세계관의 변화에는 무엇이 가장 근본적으로 영향을 미치고 있을까요? 세대 간 격차, 빈부의 차이, 실업률, 정치 불신, 기존 권위의 하락 등 배경에는 무엇이 남몰래 작동하고 있을까요? 혹시 컴퓨터가 아닐까요? 철기가 빚어낸 변화에 대한 이해를 바탕으로 지금 컴퓨터를 중심으로 벌어지고 있는 변화의 방향을 가늠해보는 것도 의미가 있을 것입니다.

인간의 생각으로 닦은 길,
도道

서양에서는 탈레스를 '철학의 아버지'로 부르면서 최초의 철학자라
는 칭호를 붙입니다. 탈레스는 이 세계의 근원은 물이라고 말했어요.
탈레스가 이 말을 하기 전에 당시 사람들은 모두 이 세계의 근원은
'신'이라고 믿었습니다. 신의 뜻으로 이 세계가 이뤄졌다고 믿던 당
시 사람들과 달리 탈레스는 오로지 자신의 생각하는 능력에 의존해
서 이 세계가 물을 근원으로 이뤄진 것이라고 이해했지요. 탈레스를
최초의 철학자라고 하는 이유는 이처럼 신에 대한 믿음으로부터 벗
어나서 자기 스스로의 생각으로 이 세계와 마주하기 시작했기 때문
입니다. 이 세계의 근원을 물로 이해한 탈레스의 생각이 화학적으로
나 물리학적으로나 지구과학적으로 옳지 않을 수도 있습니다. 하지
만 그것은 우리에게 중요하지 않습니다. 우리는 탈레스가 '생각'하기
시작했다는 점을 중시하기 때문이지요. 철학은 믿음에서 생각으로,
신에게서 인간으로 이동하는 역사를 보여줍니다.

  이 세계의 모든 것을 결정하던 신의 명령을 중국인들은 '천명'이라
고 불렀어요. 그런데 계급구조(군자-소인)가 흔들리고 정치구조(천자-
제후)에 균열이 가면서 그런 모든 이분구도를 안정적으로 지탱해주
리라 여겨왔던 하늘에 대한 믿음이 사라져버렸지요. 춘추전국시대
에 이르러 중국에서 하늘이라는 존재 자체가 의심되자 사람들은 이

세계의 믿을 수 있는 대상으로 인간 자신만을 남겨 두게 됩니다. 하늘이 사라지고 인간만이 남게 된 세상에서 인간은 새로운 시대적 문제의식을 안게 된 것이지요.

인간이 인간만의 능력으로 건립한 그 길을 바로 '도道'라고 합니다. 여기서 말하는 인간만의 능력이란 믿음의 힘이 아니라 '생각하는 힘'을 말해요. 인간은 이제 천명을 따르지 않고 도를 따라야 합니다. 우리는 이 단계에 이르러 비로소 우리에게 익숙한 도를 만나게 됩니다. 이렇게 보면, 도의 출현은 바로 중국 문명에서 최초로 터져 나온 인간의 독립선언이에요. 도의 출현 이전에 중국인이 세계를 해석하는 두 개의 중심축은 '천'과 '덕'이었습니다. 도가 출현하고 나자 이제 중국인들은 세계와 관계하고 세계를 해석하며 또 삶의 의미를 확인하는 두 개의 중심축을 새롭게 갖게 됐으니 그것이 바로 도와 덕입니다. 우리가 흔히 말하는 '도덕道德'은 바로 이 도와 덕을 붙인 말이지요.

천명이 극복의 대상이 됐다는 사실로 미루어, 그것이 철기의 발명 이후 새롭게 진행되는 사회·경제적 변화 조건을 담아내지 못하는 모순을 노정했을 것이라고 짐작하게 합니다. 그렇다면 역사 발전 추세와 인간의 의식 수준에 비춰 봤을 때 당시의 천명 개념이 갖고 있던 부적합한 모순이란 무엇이었을까요?

하늘의 뜻인 천명은 하늘의 아들인 천자를 통해서만 인간 세상 속으로 전달됩니다. 천자에게만 천명이 알려져 있다는 것은 천자 이외의 사람들에게는 비밀스러운 것으로 감춰져 있다는 말이지요. 천명에 내포된 이 비의성秘意性은 천자가 임의대로 천명을 행사하거나 자신의 주관적 의사를 마치 천명인 것처럼 행사하게 만드는 온상이에요. 당시의 중국인들은 경험을 통해, 유사한 역사적 사실들이 천자에 의해서 다르게 다뤄지는 것을 목격하고 천명이 꼭 일관적이지는 않다는 의심을 하기도 했습니다. 이는 모두 천명을 천자가 비밀스럽게 독점하고 주관적으로 행사함으로써 의식 수준이 높아져가는 인간으로부터 믿음을 상실했기 때문입니다. 그래서 천명에 있던 문제점을 비의성, 임의성 그리고 주관성이라고 말할 수 있겠지요.

도는 천명을 극복하려는 인간이 만든 매우 인간적인 범주의 개념입니다. 도가 천명을 극복하려면 천명에 있는 문제점, 즉 비의성과 임의성 그리고 주관성을 극복해 투명성과 객관성 그리고 보편성을 확보해야 하지요. 이후 도를 중심에 놓고 인간의 길을 건설하려는 모든 철학자들은 자신의 철학 안에서 이 세 가지 조건을 충족시켜야 했습니다.

천명론을 극복해 인간의 길을 건립하려고 했던 대표적인 최초의 철학자로 노자와 공자가 있어요. 모두 춘추 말에서 전국 초 사이에 활동했던 인물들입니다. 이들은 중국에서 최초로 투명성과 객관성 그리고 보편성이 확보된 인간의 길, 즉 도를 건립하려고 노력했는데 각자가 갖고 있던 영감의 원천이 달랐던 까닭에 각기 다른 방식으로 인간의 길을 그렸어요. 공자는 혁명적인 선언을 하기에 이릅니다. "인간이 인간인 이유는 인간 자신에게 있다!"

공자 이전의 사람들은 아마 인간이 인간인 이유는 바로 하늘의 명령 때문이라고 말했을 겁니다. 하지만 공자는 그런 믿음을 과감히 거부하고 인간이 인간인 이유를 인간을 초월해 있는 어떤 절대적 힘이 아니라 인간 자신에게서 발견했던 것이지요.

공자는 인간이 인간인 이유를 '인仁'을 갖고 있기 때문이라고 했습니다. 공자에 따르면 인간은 신의 명령 때문이 아니라 바로 이 인을 갖고 있기 때문에 인간으로서 존재하는 것이죠. 그래서 인간은 이제 하늘의 뜻을 어떻게 잘 따를 것인가 하는 사명 대신에 이 인을 어떻게 잘 보존하고 잘 키울 것인가 하는 새로운 사명을 가진 존재가 됐습니다.

공자는 《논어》〈위령공衛靈公〉에서 인을 잘 실천할 수 있는 황금률 하나를 제시합니다. "네가 하고 싶지 않은 것은 다른 사람에게 시키지 말라[己所不欲 勿施於人]." 여기서 우리는 공자가 말하는 도의 성격을 천명과는 다른 각도에서 볼 수 있어요. 공자는 자기가 원하지 않는 것을 다른 사람에게 시키지 않는 이 규범만 평생 지킬 수 있다면 가장 완벽한 인간이 될 수 있다고 본 것입니다. 내가 원하는 것이면 타인이 원하는 것이고, 내가 원하지 않으면 타인도 원하지 않을 것임도 알 수 있지요.

그렇다면 나의 욕망은 타인의 욕망과 다르지 않습니다. 왜일까요?

인간으로서의 '씨앗'인 인을 모두 함께 공유하고 있기 때문입니다. 인이라는 공통의 기반 위에 서 있는 한, 원하고 원하지 않는 것이 서로 크게 다르지 않을 겁니다. 그래서 나의 욕망은 타인에게 알려질 수 있고, 타인의 욕망도 나에게 알려질 수 있어요. 기본적인 정서는 모두 서로에게 개방돼 있고 이는 투명한 것이지요. 투명한 상태로 누구에게나 적용된다면 이는 보편적이에요. 보편적으로 개방돼 있는 한 이것은 주관성에 좌우되지 않고 객관적일 수밖에 없습니다.

《논어》〈옹야雍也〉에는 더욱 적극적인 공자의 말이 담겨 있습니다.

仁者 己欲立而立人 己欲達而達人
인이 있는 자는 자기가 서고 싶으면 다른 사람도 서게 해주고,
자기가 통달하고 싶으면 다른 사람도 통달하게 해준다.

공자가 볼 때 인간은 하늘의 비의를 수동적으로 각자 다르게 받은 존재가 아니라 인이라는 씨앗을 공통의 기반으로 공유하는 투명하고 개방적인 존재인 것입니다. 이렇게 해서 공자가 걷고자 했던 인간의 길은 투명성과 객관성 그리고 보편성을 확보하게 됐어요.

노자,
공자를 꾸짖다

중국 송대宋代의 철학자 주희는 공자 사상을 '극기복례克己復禮'라는 말로 압축해 정리합니다. 공자의 언행이 기록된《논어》에는 이 극기복례라는 말이 한 번밖에 나오지 않지만 주희는 이 한마디 말로 공자의 사상을 개괄한 것이지요.

공자는 인간이라면 누구에게나 적용되는 보편적 본질인 '인'이 있다고 보고, 그 보편적 본질을 유지하고 확대할 수 있도록 만들어진 '예'를 긍정적으로 수용하고 추종할 것을 제안합니다. 예는 인간성을 바탕으로 형성된 것으로서 공자를 필두로 한 유가에서는 선善의 정점으로 인식되지요. 선으로 인정되는 특정한 가치 체계를 받아들이고 그 특정한 가치 체계와 일체를 이루는 것을 이상적인 삶의 형태로 간주하는 겁니다. 그 보편적 가치 체계를 아직 받아들이지 않은 상태는 미숙한 상태로서의 개별적 자아[己]예요. 개별적인 자아는 성숙의 가능성만을 가진 존재로서 이해되지요.

이런 구조에서 인간은 개별성과 결별하고 일반성 내지는 보편성 속으로 편입돼야 합니다. 비유하자면, 자신을 고유명사 차원에서 탈피시켜 일반명사 차원으로 상승시켜야 하는 것입니다. 이 구조를 공자는 극기복례라고 표현한 것이죠.

예는 그 이데올로기 혹은 교화시스템에 포함된 모든 사람에게 하나의 기준이나 표준 혹은 이상으로 작용합니다. 도덕적 자각 능력이 있는 인간은 모두 그 예에 집중하고 통일돼야 해요. 그래서 공자는 《논어》〈안연顔淵〉에서 극기복례를 설명하면서 "예에 맞지 않으면 보지도 말고, 듣지도 말고, 말하지도 말며, 움직이지도 말라[非禮勿視 非禮勿聽 非禮勿言 非禮勿動]"고 말했습니다.

이 예는 전체 사회가 모두 따라야 하는 보편적인 기준입니다. 이 기준을 삶 속에서 실현하는 것이 공자가 건설하려고 했던 '인간의 길'이에요. 그런데 노자는 바로 이 점을 공격하면서 자신만의 인간의 길을 건설하려 해요. 여기서 우리는 미셸 푸코라는 현대의 서양 철학자 한 명을 떠올릴 수 있습니다.

푸코는 본질이나 중심을 기반으로 형성된 철학에서는 그런 것들이 기준이 돼 결국 이 사회를 구분하고 배제하며 억압하는 권력으로 군림하게 된다고 말합니다. 다시 말해 본질주의적인 근대를 구분, 배제 그리고 억압이라는 틀로 정리하는 것이지요. 본질의 내용이 도덕적으로 선이라고 할지라도 그것이 본질인 한 기준으로 성장할 수밖에 없고, 그것이 기준인 한 사회를 구분하고 차등화한다고 보는 거예요. 이렇게 본다면 공자가 건설한 인간의 길도 결국은 구분, 배제 그리고 억압이라고 하는 부정적 결과를 피해 갈 수 없게 됩니다.

공자의 이런 발상에 대해 공격적인 언사를 날리는 노자의 말을 들어봅시다.

天下皆知美之爲美 斯惡已
세상 사람들이 모두 아름답다고 하는 것을 아름다운 것으로 알면,
이는 추하다.
皆知善之爲善 斯不善已
세상 사람들이 모두 좋다고 하는 것을 좋은 것으로 알면, 이는 좋지 않다.

어떤 사람들은 이 구절을 노자가 미와 추, 선과 악을 서로 상대적인 관계 속에서 파악한다고 이해하기도 해요. 추함이 있어야 아름다움이 있게 되고, 선이 있으니 악惡도 있다는 것입니다. 그런데 사실은 그렇지 않습니다. 왜냐하면 주관적 상대성을 말하려면 개별자로서의 주체가 등장해야 하는데 노자에게 이는 아직 등장하지 않았기 때문이지요.

노자는 여기서 특정한 기준을 정하고 모든 사람들이 거기에 집중하고 통일돼야 한다고 보는 공자 식의 문명을 반대할 뿐이에요. 여기서 "아름답다고 하는 것을, 아름다운 것으로 안다[美之爲美]"는 것은 정해진 미, 정의된 미, 이미 공감대가 형성된 미에 동조한다는 것입니다. "좋다고 하는 것을, 좋은 것으로 안다[善之爲善]"는 것도 마찬가지예요. 정해진 아름다움이라는 것은 공통의 본질적 특성을 기반으로 많은 사람들이 합의한 아름다움입니다. 그것은 보편적으로 관통

하는 하나의 특성에 기반한다고 믿어지기 때문에 누구에게나 합의해야 할 것 혹은 동의해야 할 것으로 강요됩니다.

유행을 예로 들어봅시다. 요즘 많은 사람들이 다양한 색깔로 머리를 물들입니다. 처음에는 주로 노란색 계열로 물을 들였어요. 모두가 검은색 머리를 하고 있는 우리나라에서 처음에 누군가가 머리를 노란색으로 물들였다면 그것은 파격입니다. 어색하고 도발적인 느낌을 주지요. 처음에는 많은 사람들이 신기하게 보지만 호감을 갖지는 않았을 겁니다. 그러다가 한두 명이 추종해 따르게 되고, 처음에 이상하게 보였던 것이 점점 신선하게 보이게 되지요. 그래서 대개는 기존의 감각에 답답해하던 젊은 층을 중심으로 많은 추종자들이 생기고 이것이 마침내는 유행으로 형성됩니다. 이렇게 형성된 유행은 기존의 가치 체계에 저항하고 신선한 바람을 일으키며 급기야는 기존의 미적 감각과 공존하면서 사회는 신선하고 다양성이 증가된 모습으로 자리 잡게 됩니다.

그런데 이런 유행이 신선하게 느껴지는 것을 넘어서서 어떤 단계를 지나게 되면 바로 권력이나 이데올로기로 변질돼요. 즉 유행을 따르는 부류와 유행을 따르지 못하는 부류로 나뉘고, 유행을 따르는 부류는 우월감을, 유행을 따르지 못하는 사람은 열등감과 그 유행에 대한 저항감을 갖습니다. 머리를 염색하는 것이 확고한 유행일 때, 많은 사람들은 머리를 염색하지 않은 채로 외출하는 것을 불편하게 느끼고 머리 염색이 미적 판단의 중요한 기준으로 행사됩니다. 유행이 이데올로기화해 따르지 않으면 불편해지는 상황이 되는 것이지요. 미셸 푸코식으로 말하면, 머리 염색이 유행이 돼 기준이라는 지위를 획득하는 순간 머리 염색은 이 사회를 구분하고 배제하며 억압하는 장치로 작용합니다.

노자가 보기에 모든 가치는 중립적이에요. 그런데 공자식의 문명은 예라고 하는 특정 교화 체계를 저 위에 걸어 놓고, 백성을 모두 거기에 통합하려 합니다. 노자는 통합적 욕구를 발산하는 이런 가치를 진정한 가치로 아는 것은 옳지 않다고 말합니다. 노자는 그 기준이 비록 선의 내용으로 채워져 있다고 하더라도 그것이 기준으로 행사되는 한 폭력을 잉태한 장치일 뿐이라고 강조해요. 왜냐하면 보편화된 이념 내지 체계는 그 내용의 선악 여부와 관계없이 기준 혹은 이념으로 작동해 세계를 구분하고, 바람직하다고 간주되지 못하는 한쪽을 배제하는 역할을 하기 때문이지요.

공자는 인간성을 바탕으로 보편적 기준을 확보하고 거기에 모든 백성이 일치해나가는 것이 천명을 극복한 새로운 인간의 길이라고 봤습니다. 이에 반해 노자는 공자의 이 기획 자체가 필시 가치론으로 빠져서 구분하고 배제하는 기능을 피하지 못한 채 차등과 갈등의 원천을 잉태하는 꼴이 될 것이라고 비판했어요.

그렇다면 이런 갈등이 자리 잡지 못할 문명의 기획은 어디에서 영감을 얻어야 할까요? 노자는 그 영감을 자연에서 구합니다. 자연은 이런 분리의 장치가 없이 작동하면서 오히려 영구적이고 거대한 효과와 결과들을 산출하기 때문이지요. 자연은 모두에게 열려 있습니다. 누구에게나 똑같이 관찰됩니다. 노자는 자연의 이런 특성을 기반으로 해 천명 속에 문제점으로 자리 잡고 있던 비의성, 주관성 그리고 임의성을 극복하고 투명성, 객관성 그리고 보편성을 확보해요.

이렇게 천명을 극복하고 '도'라고 하는 인간의 길을 건립하려 했던 두 철학자 가운데 공자는 인간의 내면에서 영감을 얻고, 노자는 자연의 존재형식을 사유의 원천으로 삼았습니다.

問

치매 노모를 집에서 모시고 있습니다. 여러모로 정말 힘들지만 이것이 효의 실천, 즉 바람직한 일이라고 생각합니다. 그런데 바람직한 것을 버리고 바라는 것을 취하라는 말씀은 어떻게 받아들여야 하는지요.

答

자식된 도리로 병든 어머니를 곁에서 성심껏 모시는 것이 바람직한 일이고, 어머니를 요양원에 모셔 나 자신이나 가족의 발전을 도모하는 것이 바라는 일인데, 바라는 것을 선택해도 되느냐는 질문으로 이해됩니다. 제 답은 당연히 바라는 것을 선택하라는 겁니다. 그렇다고 해서 노모를 모시지 말라는 뜻은 아니지만요.

먼저 지금 바라는 것이 정말 자신이 바라는 것인지, 아니면 다른 어떤 가치에 지배되어 그것을 바라고 요구하게 된 것인지를 따져봐야 합니다.

인간은 외부에서 자신을 지배하는 가치에 의해 좌지우지되지 않으면 항상 근본적인 선택을 하게 됩니다. 물론 개인적인 상황에 따라 다르겠지만 왜 노모를 모시는 일, 인간의 도리를 잘하는 일이 바라는 일이 되지 않고, 예컨대 남는 시간에 자기계발을 도모하는 것이 바라는 일이 될까요? 노자가 여기 있다면, 인간은 원래 바라는 것을 제대로 바라지 않게 되기 쉽다고 답하지 않을까 싶습니다.

질문자의 경우처럼 노모를 기꺼이 모신다는 것은 내면성의 발로에 의한 행동이라고 생각합니다. 그것이 아마도 노자가 말하는 '바라는 일과 하는 일의 일치'가 아닌가 해요.

노자는 또 이렇게 말하지요. "인을 주장하면 주장할수록 인에서 멀어진다. 효를 주장하면 주장할수록 효에서 멀어진다."

효를 주장한다는 것은 말하지 않아도 실천되는 효가 없어졌다는 뜻입니다. 인을 말하고 또 말하는 것은 말하지 않고도 실천되는 인이 약해져 있기 때문입니다.

저는 질문자께서 노모를 모시는 일은 자발성 내지는 본래의 품성과 일치하여 일어난 일이라고 봅니다. 바라는 것을 바라고, 원하는 것을 하라는 것이 바로 그런 모습으로 나타났다고 생각해요. 물론 어려운 점이 많으실 테지만, 노자에 의거해서 답변을 드리자면 그렇다는 겁니다.

3강
—
유와 무로 완성한 노자의 사상

공자와 노자,
천명론을 극복하는 법

공자는 인간이 이 세계의 책임 있는 주인으로 등장할 수 있는 조건을 인간 내면에서 찾았습니다. 인간 내면에서 찾은 그것을 가지고 천명을 극복하려 한 것이었지요. 천명은 비의성을 비롯해 임의성任意性·주관성主觀性과 같은 특징을 기반으로 설득력을 보이며 행사되었는데, 사회 경제적 조건이 변하면서 더 이상의 설득력을 가질 수 없게 되었죠. 즉 그런 특징들로는 더 이상 변해가는 당시 시대를 담을 수 없게 되었을 뿐 아니라, 오히려 그것들이 전진하는 사회와 갈등을 빚는 모순으로 드러나게 된 것입니다.

이에 천명론을 극복하며 새로운 지배 이념의 핵으로 등장한 도는 천명론을 극복하는 특징들로 무장될 수밖에 없었지요. 천명론을 극복한다는 것은 바로 객관성·투명성·보편성을 확보하려는 방향으로 나아간다는 것이지요. 공자는 인간이라면 누구에게나 있는 '인'이라는 인간 공통의 본질을 바탕으로 하여, 그 공통의 본질이 이상적 단계로 확장된 보편적 기준을 만들었는데, 노자는 이 기준이라는 것이 결국 폭력으로 행사될 소지가 크다고 비판한 것이죠.

노자는 이런 연유로 공자와 다른 방식으로 객관성·투명성·보편성이 확보된 질서를 만들고자 했습니다. 공자는 천명론을 극복하고 자신만의 도를 건립하면서 인간 세계, 인간의 내면성으로부터 인사이트insight를 구했습니다. 그런데 이로 인해 주관성이라는 틀을 완전히 벗어나기 어려운 구조가 되어버렸습니다. 반면 노자는 '인간'을 완전히 벗어납니다. 우리 밖에 펼쳐진 '자연'에서 인사이트를 구하지요. 자연에는 주관성이나 가치가 개입되어 있지 않은데, 노자는 이를 '천도무친天道無親'이라는 말로 표현합니다. 자연의 질서[天道]에는 더 친하게 여기고 덜 친하게 여기는 구분이 없다는 것입니다. 모든 것을 어떤 주관적 가치도 개입시키지 않고 아주 평등하게 대할 수밖에 없지요. 이런 의미에서 자연 질서는 매우 객관적인 것으로 받아들여집니다.

춘추전국시대 중국의 철학적 사명은 천명론을 극복해서 인간의 질서, 즉 도를 건립하는 것이었습니다. 그렇다면, 결국 천명론을 시대적 요구에 맞게 제대로 극복해낸 이는 노자가 됩니다. 천명론을 제대로 극복하려면, 보편성, 투명성 그리고 객관성을 제대로 확보해야 합니다. 공자는 천명론을 극복할 때 인간의 내면적 특성을 바탕으로 했는데, 이렇게 되면 주관성을 벗어날 수 없고, 주관성을 벗어날 수 없는 한, 종국에는 가치론적 성격을 띨 수밖에 없습니다. 가치론의 결말은 합의된 보편적 기준을 설정하는 것이죠. 기준이 설정되면, 구분이 시작되고 이로 인해 한쪽이 다른 쪽을 배제하고 결국은 억압하는 결과를 낳을 수밖에 없습니다. 이런 구분, 배제, 억압의 구조가 갈등의 씨앗이 돼서 결국 인간은 폭력의 발생을 막지 못하고 생명력이 넘치는 평화는 멀어져 버린다는 게 노자의 비판이었습니다.

노자의 꿈은 인간의 주관성을 완전히 탈피해 자연의 객관성으로 나아가는 것이었습니다. '가치'의 세계와 결별하고, 자연이라고 하는 '사실'의 세계에서 인간질서의 근거를 발견하려는 것이죠. 자연이 움직이는 모습을 그대로 따라서 혹은 모방해서 살아보자는 것이었습니다. 자연의 질서를 인간의 질서로 만들고자 하는 것이었습니다. 그런데 자연의 질서는 누구나 관찰할 수 있지요. 또 누구에게나 똑같은 모습으로 열려 있습니다. 그러니 객관적일 뿐만 아니라, 누구에게나 투명하고 어디에나 똑같이 적용되는 보편성을 가지게 되겠지요. 천명론을 극복할 수 있는 객관성·보편성·투명성은 이렇게 확보되었습니다.

공자는 어땠습니까. 공자는 인간으로서 가지고 있는 가장 기본적이면서도 근본적인 정서는 부모 자식 사이에서 가장 제대로 드러난다고 봅니다. 부모와 자식은 인간에게 있는 가장 근본적인 정감을 바탕으로 하여 공존하는데, 그 공존의 공간을 가정이라고 하지요. 그러니 공자에게서 가정은 인간의 가장 근본적인 심성이 가장 순수하게 발휘되는 곳으로 인식됩니다. 당연히 가정은 모든 '선'의 발원지가 되지요. 인간이 자신의 내면적 본성을 가장 충실하게 발휘할 수 있는 곳이기도 합니다. 공자 머릿속에 구상되어 있는 인간 질서의 전형적인 모델은 사실 가정 안에서 가장 잘 실현될 수 있습니다.

공자가 구상한 인간 질서는 원초적으로 말한다면 사실 가정의 질서를 모델로 합니다. 결국 공자는 가정의 질서를 사회적 질서로 확대하고자 했고, 또 확대해야 한다고 믿었으며, 가정의 질서를 사회적 질서로 확장할 수 있다고 생각한 것이지요. 가정의 윤리와 사회적 윤리를 거의 동일한 근거로 연결해내는 것입니다. 이렇게 본다면 공자 사상의 취약점은 가정 윤리와 사회 윤리의 연결성 문제에서 나타납니다. 달리 말해 가정의 질서와 사회적 질서 혹은 가정 윤리와 사회 윤리는 작동 원리가 다르다고 할 경우 상당히 곤혹스러운 지경에 빠져버리는 것입니다. 공자가 구상한 인간 질서는 개인의 성숙이 가정 안에서 시작되고, 그 성숙을 사회적으로 확대하는 구도입니다. 개인 – 가정 – 사회(국가)가 동일한 근거로 작동하며 전체적 유기성을 완성합니다.

우리는 일반적으로 공자와 노자를 비교할 때, 공자는 인간의 길을 갔고 노자는 자연의 길을 갔다고 합니다. 이런 맥락으로 이해하면서 공자는 현실에 적극적으로 개입하는 철학자이고, 노자는 현실을 초월하려는 철학자라는 얼토당토아니한 구분을 하는 것이지요.

공자나 노자나 도를 추구했던 사람들이에요. 도를 추구했다 함은 천명을 극복하고자 했다는 의미입니다. 신의 세계에서 인간의 세계로 넘어가고자 한 겁니다. 신이 내린 질서와 권력을 인간의 질서로 대체하려 했다는 것이죠. 공자나 노자나 모두 인간의 길을 설계하고 인간의 길을 따르려 했다는 점에서는 동일합니다. 다만 공자는 인간의 길을 건설함에 있어서 인간의 내면적 본성을 근거로 삼았고, 노자는 자연의 운행 원칙을 근거로 했을 뿐입니다. 공자는 인간의 내면성을 근거로 한 인간의 길, 노자는 자연의 존재형식이나 운행 원리를 모델로 하여 만들어진 인간의 길을 갔던 것입니다.

흔히 노자의 이미지는 소박한 도포 자락 휘날리며 술 한 병 들고 산비탈을 어슬렁거리는 것으로 그려집니다. 속세를 벗어나 초연한 정신세계를 구가하는 모습이지요. 그런데 실상은 전혀 다릅니다. 《도덕경》을 읽어보면 많은 부분이 천하를 장악하려는 의지로 점철되어 있습니다. 노자는 말합니다. "내가 말하는 대로 해봐라. 그러면 가장 강한 사람이 되어 있을 것이다. 천하도 네 손 안에 있게 될 것이다."《도덕경》제37장에서 통치자에게 분명히 말하지 않습니까?

無爲而無不爲

무위해라. 그러면 되지 않을 일이 없다.

————

그런데 노자가 천하를 질서 잡힌 공간으로 만들려는 접근 방식은, 공자의 그것과 혹은 우리의 일반적인 대응 방식과는 좀 다를 뿐입니다.

또 보통 공자의 사상은 문명적이고, 노자의 사상은 반문명적이라고 합니다. 이것도 말이 안 됩니다. 공자와 노자가 모두 걸으려고 했던 길은 신의 길이 아니라 인간의 길이었습니다. 인간의 길이란 달리 말하면 바로 문명의 길이지요. 공자도 문명의 길, 노자도 문명의 길을 걸으려 했습니다. 다만 서로 지향하는 문명이 달랐을 뿐이지요. 혹은 문명을 이루는 방식이 달랐을 뿐이죠. 공자는 이런 식의 문명을 지향했고, 노자는 저런 식의 문명을 지향했을 뿐입니다.

공자는 교육에 적극적이고 노자는 교육을 반대했다는 시각도 옳지 않습니다. 공자나 노자나 모두 다 교육의 필요성을 적극 주장했어요. 공자는 이런 식으로 교육을 하자고 했고, 노자는 저런 식으로 교육을 하자고 한 것뿐입니다. 노자도 입세入世적이고, 문명적이고, 교육적입니다. 다만 그것들을 이루는 방식이나 관점이 달랐을 뿐이죠. 그렇다면 노자가 어떤 문명을, 어떤 교육 방식을, 어떤 세상을 꿈꿨는지를 제대로 살펴봅시다.

정의할 수 있는 도는
도가 아니다

노자 사상을 이해할 때 가장 중요한 것이《도덕경》제1장입니다. 그 첫 구절은 이렇게 시작합니다.

道可道非常道
도가 말해질 수 있으면 진정한 도가 아니고
名可名非常名
이름이 개념화될 수 있으면 진정한 이름이 아니다.

이게 도대체 무슨 말일까요? 일단 알기 쉬운 뒷구절부터 풀이해봅시다.

명名은 있는 그대로 '이름'이라는 뜻입니다. 명칭, 개념, 명분 등등의 의미를 함께 가지고 있죠. 가명可名은 '명칭화할 수 있다', 즉 '개념화할 수 있다' 내지는 '정의 내릴 수 있다'는 뜻입니다. 그러니 "명가명"이라는 구절은 '어떤 대상에 대한 명칭을 개념화하거나 정의를 내리게 되면'이라는 뜻으로 해석될 수 있습니다. 그러니 "명가명비상명"이라는 문장의 구절은 '어떤 명칭을 특정한 개념으로 규정하거나 정의를 내려버리면, 그것은 그 규정된 의미에 갇혀버려서 진정한 이름 역할을 할 수 없다'는 뜻이 됩니다. 정의 내리거나 개념 짓는 작업을 통해서는 세계의 진실을 드러낼 수 없다는 포괄적 의미가 담겨 있습니다.

이 문장 안에는 당시 중국의 치열한 혁명적 논쟁의 상황이 개입되어 있습니다. 노자와 공자가 철학적 사유 대상으로 삼았던 당시의 현실은 천명론을 근거로 하던 지배질서가 약화되고, '도'를 근거로 하는 새로운 지배질서로 옮겨가는 매우 혼란스러운 상황이었습니다. '신'의 권위를 근거로 하던 질서가 인간의 '생각'을 근거로 형성되는 질서로 이행되는 시기였죠. 다른 말로 하면, 천명을 최고 권위로 제시하던 지배질서는 사회 경제적 조건이 변하면서 새롭게 등장한 인간과 그들의 욕구들을 순조롭게 담아낼 수가 없게 되었다는 뜻입니다. 그래서 사회를 운영하는 지배질서가 달라져야 한다는 시대적 요구가 등장하는데, 그 시대적 요구에 부응하는 세계관이 바로 '도'라고 하는 범주를 근거로 작동되는 새로운 지배질서였지요.

지배질서의 변화는 새로운 계급의 등장을 의미합니다. 혹은 실효가 다하여 힘이 상실되어가는 계급의 쇠퇴를 의미하기도 하지요. 상황이 이렇게 전개되면 각자에게 전통적으로 부여되어 있던 역할의 힘이나 권위가 달라질 수밖에 없지요. 권위나 역할 혹은 힘을 상징적으로 담고 있던 명칭, 이름, 직책 등을 당시 중국 사람들은 '명名'이라고 불렀습니다. 그리고 그 '명'을 감당하는 구체적인 사람 혹은 사물을 '실實'이라고 불렀지요. 그런데 어떤 직책이나 명분이 천명이 지배하던 사회에서는 매우 기세등등했으나, 도를 중심으로 하는 지배질서로 이행되는 과정에서는 원래 가지고 있었던 역할 혹은 권위가 그대로 유지되지 못하고 달라져 새로 조정되는 상황이 발생합니다. 군자가 군자라는 이름을 달고 있으면서 실제적인 역할은 과거와 달라졌다든지, 소인이 소인이라는 이름을 여전히 달고 있지만 실제적인 역할은 이전의 그것과 달라져버린 세상이 되었다는 뜻입니다.

이때부터 중국 선진 철학에서 명과 실의 관계 문제는 대단히 중요한 철학적 주제로 등장합니다. 원래 붙어 있던 이름이 규정하는 대로 살던 삶의 내용이 다르게 전개되어 버렸기 때문입니다. 예컨대 '소인'이라는 말에는 지배를 받는 사람, 땅에서 일하는 사람, 육체노동을 하는 사람, 물건의 생산을 책임지는 사람이라는 의미가 들어 있었습니다. 반대로 '군자'라는 말에는 지배하는 사람, 책을 보는 사람, 정신노동을 하는 사람, 생산물을 향유하는 사람이라는 의미가 들어 있었습니다. 그런데 이런 각자의 역할이 역전되는 현상이 벌어졌잖아요. 철기가 산업에 투입되면서 생산력이 급격하게 팽창하고 기존의 사회 경제적 구조에 막대한 충격을 주게 됩니다.

이런 결과로 땅에서 일하지 않고 살 수 있는 소인이 나타나고, 부를 축적한 소인은 거의 군자처럼 살거나 군자처럼 행세할 수 있게 된 것이죠. 재력이 군자보다 더 큰 소인도 등장했습니다. 이렇게 되면 이름만 소인이지 실제로는 군자나 다름이 없습니다. 반대로 군자

가운데 일부는 기득권에 갇혀 새로운 사회 변화에 적응을 하지 못하고, 경제력으로나 역할 상으로 원래 군자 모습을 유지할 수 없는 지경에 이르기도 했습니다. 이름만 군자이지 군자로 행세하지 못하게 된 사람도 생긴 것이죠. 자기에게 전통적으로 부여되어 있던 이름과 지금의 실질적인 모습이 변해버린 거예요. 원래 있던 '이름'이나 '직책'과 지금 그 이름과 직책을 담당하는 '사람'이 실재적으로 맞지 않게 된 것입니다. '이 이름'을 가지고 '이 역할'을 했던 사람이나 계급이 이제는 '이 이름'을 가지고서 '이 역할'을 하기 어려워지고 심지어는 '저 역할'을 하게 된 것입니다.

춘추전국시대의 변화란 바로 이처럼 '명'과 '실'의 불일치 현상이 발생한 것이라고 말할 수도 있습니다. 이렇게 '명'과 '실'의 관계가 흐트러졌다는 것으로 춘추전국시대 계급의 혼란, 정치구조의 혼란, 세계관의 혼란을 표현할 수 있습니다. 그러니 당시 사람들에게는 이 둘의 관계의 일치 여부가 중요한 철학적 주제가 될 수밖에 없었습니다. 이제 어떤 이름을 개념화하여 하나의 의미나 내용을 고정시킬 수 있게 되면 그것은 제대로 된 이름이 아니라고 하는 문장이 조금 이해되기 시작할 것입니다.

좀 더 구체적으로 이해하기 위해서 이를 '사랑'이라는 아름다운 단어를 빌려 말해보겠습니다. 우리나라에서 사랑에 대해 일가견이 있어 보이는 가수로 나훈아 씨를 첫손에 꼽습니다. 왜냐하면 그가 이렇게 노래했기 때문입니다. "사랑이 무어냐고 물으신다면, 눈물의 씨앗이라고 말하겠어요."

"사랑은 '눈물의 씨앗'이다"고 개념화한 겁니다. 사랑을 이처럼 '눈물의 씨앗'이라고 정해버리면, 사랑의 의미가 웃음의 씨앗이나 즐거움의 씨앗이 될 수는 없습니다. 만약에 어떤 사람이 사랑을 웃음의 씨앗이라고 생각하며 산다고 칩시다. 나훈아식 정의를 근거로 볼 때, 그것은 진정한 사랑일 수가 없게 되겠지요. 부족한 사랑입니다. 사랑이란 반드시 눈물의 씨앗, 즉 슬픔이 동반되어야 하니까요. '정의'라는 것은 이처럼 울타리를 치는 겁니다. 다른 단어와 구분해 울타리를 쳐서 도드라지게 드러내는 것이 정의이자 개념화예요.

사랑을 노래한 대표적 가수로 심수봉 씨도 빼놓을 수 없지요. 그는 "사랑보다 더 슬픈 건 정"이라고 노래합니다. 여기엔 사랑이 개념적으로 규정되어 있지 않지요. 오로지 사랑의 상태만 드러납니다. 사랑이 슬픈 것이라는 전제가 깔려 있긴 하지만 적어도 규정하는 형식은 아닙니다. 사랑을 무엇이라고 규정하지 않고, 사랑의 한 상태 즉 사랑보다 더 슬픈 것은 정이라고 말하면서 사랑의 내밀한 깊이나 어찌해보지 못할 심연의 당황스러움을 잘 드러나게 해줍니다.

자, 그럼 둘 중 어느 노래가 사랑의 느낌을 절절하게 전해줍니까? 노자와 비슷한 입장을 가진 저는 심수봉의 노래라고 생각합니다. 나훈아식 정의 내림보다 심수봉식 상태 설명이 절절함을 더 자아내는 것이지요. 나훈아식이 매우 근대적이라면, 심수봉식은 그래도 현대적 표현에 더 가깝습니다.

노자는 심수봉의 노래에 더 가깝습니다. '명가명비상명', 어떤 이름을 정의내리거나 개념화할 수 있으면 그 이름이 보여주려고 하는 진정한 사실을 보여주지 못한다는 것이에요.

이제 '도가도비상도'로 올라가 봅시다. 도가 무엇입니까. 노자, 공자를 비롯한 당시 철학자들이 건립하고자 했던 사회 질서입니다. '도가도비상도'의 이해를 돕기 위해 노자가 살던 시대보다 150~200년 정도 지나 쓰인 책 이야기를 해보겠습니다.

현재 가장 오래된 《도덕경》 판본은 '백서본帛書本'이라는 판본입니다. 비단[帛]에 글[書]을 적은 것이지요. 1973년 중국 창사에서 '마왕두이[馬王堆]'라는 퇴적묘가 발견되는데 그 안에서 《도덕경》 두 질帙이 나옵니다. 두 질 모두 비단에 쓰여 있어 '백서帛書'라고 부르는데, 위에 놓여 있던 것을 '백서갑본帛書甲本'이라 칭하고, 아래에 놓여 있던 것을 '백서을본帛書乙本'이라 부릅니다. 시기를 보자면 진나라 말엽과 한나라 초엽 사이에 쓰인 겁니다.

그런데 그로부터 20년 후인 1993년 후베이성에서 또 다른 묘가 발굴됩니다. 여기서 백서보다 2백 년 정도 앞선 《도덕경》의 죽간본竹簡本 일부가 발견됐어요. 대나무 조각을 얇게 쪼개 청색을 제거하고 기름칠을 해서 글자를 쓴 뒤 다시 기름을 입힌 책입니다. 지금까지 구체적인 유물로 발견된 《도덕경》 가운데서 가장 오래된 판본입니다. 지금 일반적으로 통용되는 판본에 비할 때, 양이 상당히 적어서 많은 논쟁을 야기하고 있습니다. 지금까지 발굴된 자료를 근거로《도덕경》의 원형이나 원래 의미를 추적하려면 이 두 종류의 출토 문헌을 중요하게 다루어야 합니다.

그런데 가장 오래된 출토 문헌 판본인 죽간본《도덕경》이 발굴될 때, 그 옆에 있다가 함께 발굴된 유가 관련 경전들이 있습니다. 그 가운데 하나인《존덕의尊德義》에 보면, 노자가 말한 "도가도비상도"를 해석하는 데 유용한 도움을 주는 힌트들이 들어 있지요. 무슨 구절이냐고요? 바로 "군자는 인도人道를 우선시한다[是以君子 人道之取先]"는 구절이 그것입니다. 즉 '사람의 길'을 우선시한다는 것이지요. 그런데 유가적 내용으로 채워진 또 다른 출토 경전인《성자명출性自命出》에는 또 "오직 인도가 가도可道가 된다[唯人道爲可道也]"고 나와요. 어떤 부류의 사람들이 인도를 우선시 했는지, 또 인도의 성격이 무엇인지를 밝혀주고 있지요? 일단 인도를 앞세우는 사람들은 군자들입니다. 군자는 원래 혈연적 유대를 근거로 만들어진 혈연 귀족들을 가리킵니다. 그런데 군자는 유가의 사상을 지탱하는 중심 계급이죠. 도가에서는 군자라는 호칭을 그다지 친밀하게 사용하지 않습니다. 이 문헌은 "오직 인도가 가도가 된다"고 함으로써, 인도의 성격이 '가도'임을 매우 분명하게 표현하고 있습니다.

이렇게 가도는 하나의 명사구처럼 쓰이고 있습니다. 이를 통해 우리는 당시 가도에 대해 다양한 논쟁이 있었음을 추측할 수 있습니다.

이 구절을 해석할 때는 당시 이뤄졌던 철학적 논쟁을 기반으로 해야 합니다. 죽간본《성자명출》과 죽간본《존덕의》두 책을 근거로 볼 때 유가사상을 주장하던 군자들은 자연의 도[天道]가 아닌 인도를 우선시했으며, 인도는 가도의 형식으로 이뤄져야 한다고 주장했다고 볼 수 있습니다. 가도의 형식은 언어화할 수 있는 도, 이념 지향적인 도, 기준을 확립하려는 도, 특정한 내용을 선으로 간주하고 그것을 근거로 형성된 도, 인위성을 우선하는 도를 말합니다.

따라서 "도가도비상도"라는 노자의 말은 '도가 가도의 형식을 띠면 진짜 도가 아니다'로 풀이할 수 있습니다. 노자의 뜻은 이런 형식의 도는 당시 시대가 요구하는 진정한 도일 수 없다는 것이죠. 노자는 이런 형식으로 드러나는 인도가 아니라 자연의 형식이라고 할 수도 있고 천도의 형식이라고도 말할 수 있는 방향으로 가는 제대로 된 질서를 상도常道로 본 것입니다. "인도의 방향으로 가는 것이 가도이고, 천도(자연)의 방향으로 가는 것이 상도이며, 인도의 방향으로 가는 것이 가명이고 천도의 방향으로 가는 것이 상명이다"라고 말하고 있는 겁니다.

공자의 사상에서는 존재하기 위해서 반드시 근거해야 하는 본질을 인정합니다. 인간의 본질을 공자는 '인'이라고 했습니다. 본질을 긍정하면 구분을 긍정하지 않을 수 없습니다. 이것은 철학적인 시각에서 볼 때 논리적으로 당연한 귀결이죠. 당연히 공자의 사상에서 '구분'은 인정되지 않을 수 없습니다. 개념, 이름, 명칭 등등의 본질적인 기능이 구분이라고 할 때, 공자의 사상에서는 이런 것들이 당연히 긍정적으로 다루어지지요. 정의 내리는 것도 당연히 긍정되고요. 이렇게 볼 때 공자는 언어 친화적, 개념 친화적, 구분 친화적이라고 할 수 있어요. 어떤 철학이든 본질을 긍정한다면 구분하고 정의 내리는 것에 긍정적인 태도를 취하지 않을 수 없습니다.

군자가 인도를 우선시하고 이 인도는 가도의 형식을 띠고 있다면, 가도는 당연히 언어 친화적이며 구분을 긍정하는 겁니다. 인도에서는 가도와 가명 그리고 정명正名이 모두 한 울타리 안에 사는 친척 같은 관계입니다. 시대는 한참 후이지만,《맹자孟子》〈진심하盡心下〉에 다음과 같은 구절이 나옵니다.

可欲之謂善
바랄 만한 것을 선이라고 한다.

여기서 '바랄 만한 것'을 "가욕可欲"이라고 표현했는데, 여기서 가욕은 단순히 '조동사 + 동사'의 형식이 아니라 하나의 명사구 형식입니다. 이것과 대비적으로 볼 수 있는 것이 노자의 말 속에 있습니다. 《도덕경》제3장에는 "바랄 만한 것을 보여주지 않아야 백성의 마음이 어지럽혀지지 않는다[不見可欲 使民心不亂]"는 문장이 나옵니다. 여기서도 가욕이 등장하는데 이 또한 명사구 형식으로 쓰이고 있어요. 이렇듯 가욕의 대상을 맹자는 긍정적으로 보고, 노자는 부정적으로 봅니다. 즉 가욕을 유가 계열의 사상에서는 긍정적으로 보고, 또 다른 계열인 도가에서는 부정적으로 본다는 것을 알 수 있습니다. 가도 역시 이런 맥락 속에서 이해하는 것이 원래의 용법에 더 맞습니다. 노자는 가욕이나 가명 등을 긍정하는 세계관에 반대하는 맥락에서 가도를 부정했던 것입니다. 공자 계열은 인도·가명·가욕을 긍정하는 입장이고, 노자 계열은 그것들을 반대하는 입장인 것이지요.

노자는 아마 이런 말을 하고자 했을 겁니다. "공자여, 당신이나 나나 천명을 극복해서 도를 건립하려 하지 않습니까. 그런데 우리가 건립하려는 도가 당신이 주장하듯 가도의 형식을 띠면 진짜 도가 아닐 수가 있습니다. 어떤 이름도 그것을 정의 내리거나 개념화해버리면 그 이름이 아니지 않습니까? 같은 이치이지요."

본질을 부정하고
관계를 보다

이제 우리는 공자와 노자의 사상이 매우 다르게 전개되고 있음을 알 수 있습니다. 공자의 사상이 보여주는 느낌은 적극적이며, 상승형이며, 확장형이며, 직선형이며, 근면성실형이고, 금욕적이고, 중앙집권적이고, 엄숙합니다. 반면에 《도덕경》전체에 흐르는 분위기로 볼 때,

노자의 사상은 공자에 비해서 소극적이거나 순환적인 느낌을 주지요. 게다가 곡선적이고 자유로우며 개방적이거나 혹은 지방분권적인 느낌까지 줍니다.

여기서 우리가 주의해야 할 점은 이런 특성들이 그들에 의해서 그냥 임의적으로 주장된 내용이라기보다는 그들이 가지고 있는 기본적인 입장, 다른 말로 하면 철학적인 세계관 차이로 인해 자연스럽게 혹은 매우 당연하게 나타난 것이라는 점입니다. 적극, 상승, 직선, 근면성실, 금욕, 중앙집권 등등의 것들은 모두 공존할 수밖에 없는 것들입니다. 곁들여서 구분, 개념, 정의, 언어친화적인 태도 등등도 이것들과 같은 부류입니다. 다른 말로 하면, 언어나 개념의 역할을 긍정적으로 보면서, 근면 성실을 부정하거나 상승이나 확대를 지향하지 않거나 금욕을 강조하지 않기 어렵다는 것입니다. 바로 그런 것들이 모두 친밀한 관계로 묶일 수밖에 없도록 하는 틀이 있기 때문인데, 그것은 바로 '본질을 긍정한다'는 점입니다.

노자의 사상에서는 소극적이며 지방분권적이며 자율적이며 또 자발성을 강조하는 것 등이 특징적으로 나타납니다. 또 앞으로 나서기보다는 뒤로 물러서라고 합니다. 남성적이거나 태양을 닮는 것보다는 여성적이면서 달을 닮으라고 합니다. 불보다는 물을 닮으라고도 하지요. 이렇게 드러나는 특징들도 앞에서 이야기한 대로, 그냥 임의대로 노자에 의해서 채택되었다기보다는 노자의 사상 안에 그런 특징들을 등장시킬 수밖에 없는 근저가 되는 세계관이 있기 때문이지요. 그래서 물이나 달을 닮으라고 하면서 동시에 수렴보다는 확장을 주장할 수는 없지요. 지방분권적인 경향을 보이고 뒤로 물러설 것을 강조하면서 언어 친화적일 수는 없는 것입니다. 왜일까요? 그것은 바로 노자가 본질을 긍정하지 않기 때문입니다.

본질이란 무엇일까요? 본질은 '어떤 것을 다른 것이 아니라 바로 그것이게 해주는 성질'을 말합니다. 어떤 것을 어떤 것으로서 존재하게 해주는 '존재근거'이지요. 그래서 당연히 그 존재에게는 그 본질이 '선'일 수밖에 없습니다. 자신이 존재하는 근거이니까요.

공자의 사상은 하나의 주제에 집중됩니다. 바로 어떻게 하면 인간으로서의 본질인 '인'을 잘 보존하고 잘 확장시키느냐 하는 것입니다.《논어》의 내용을 자세히 들여다보면 이 '인'을 보존하고 확장하는 문제에 모두 닿아 있습니다. 그래서 공자의 주장은 인이라는 본질을 보존하고 확장하는 데에 긍정적인 역할을 하는 것들로만 꽉 채워져 있게 됩니다.

노자가 공자와 달라지는 가장 근원적인 지점이 바로 여기입니다. '본질'을 긍정하면 확장의 최극단인 '이상'이 설정될 수밖에 없고, 이 이상은 '기준'으로 기능하겠지요? 기준은 구분하고 배제하고 억압하는 작용을 합니다. 배제와 억압이 사회적으로 나타나면 갈등이나 차등화가 되는 것이지요. 그래서 노자는 집단적으로 공유하는 기준을 전제하는 한, 극단적인 경쟁과 폭력의 가능성을 없앨 수 없다고 봅니다. 사회는 경직되고 자율성은 발휘될 길을 잃고 새로운 방향으로의 진보도 쉽지 않게 된다는 것이지요. 그래서 사회를 폐쇄적이고 경직된 길로 나아가지 않게 하려면, 그런 부정적 기능을 조장하는 '기준'이 건축될 길을 차단하는 것이 급선무입니다.

그런데 기준은 어떻게 형성됩니까? 바로 본질을 출발점으로 해서 형성됩니다. 이런 인식에 도달한 노자는 바로 '본질' 자체를 부정하게 되고, 본질과는 전혀 다른 방식으로 자기 사상의 토대를 마련하는데, 그것이 바로 자연에 대한 관찰을 통해서 알아낸 '관계성'입니다. 노자는 세계가 본질이 아니라 관계로 되어 있다고 보는 것이지요. 그렇다면 노자가 파악한 세계의 관계성이란 무엇일까요? 바로 '유'와 '무'라고 하는 두 대립면의 상호 관계라는 것입니다. 그것을 밝히기 위해서 우선 '무'와 '유'를 자세히 설명하겠습니다.

《도덕경》 제1장은 "도가도비상도, 명가명비상명" 구절의 바로 뒤를 다음과 같이 이어갑니다.

無 名天地之始
무는 이 세계의 시작을 가리키고
有 名萬物之母
유는 모든 만물을 통칭하여 가리킨다.

본질주의적 실체관에 익숙한 우리가 이 구조를 이해하기란 쉽지 않습니다. 여기서 "무는 천지의 시작이다"라고 해놓으면 천지가 '무'에서부터 시작되었다거나 천지가 '무'로부터 발생되었다고 이해하기가 쉽지요. 그런데 이는 잘못입니다. 동양 철학을 가까이하려면 한자를 신중하게 다루는 태도를 유지해야 합니다. 왜냐하면 한자는 시대마다 의미를 더하거나 변형시켜 진화해왔기 때문입니다.

선진 시대의 철학을 이해하려고 하면서 요즘 나오는 한자사전의 가장 앞에 기록된 뜻만을 가지고 덤비면 안 된다는 것이지요. 시始는 요즘 이해로 보면 당연히 시작이라고 번역할 수 있겠지만, 노자는 '시'라는 개념을 '비롯되다'라는 의미로 사용하고 있습니다. 그리고 노자가 말하는 비롯됨이란 없던 데서 갑자기 생겨나는 게 아니라 의지해서 같이 가는 것입니다.

《설문해자說文解字》라는 한자사전은 이 '시'라는 글자를 '여지초야女之初也'라 풀이하고 있습니다. 여자의 처음 상태를 '시'라고 한다는 겁니다. '초初' 자를 봅시다. 의依와 도刀가 합쳐져 있지요. 즉 옷감을 가위로 자르는 모습이 초입니다.

옷감을 가위로 자른다고 합시다. 힘을 줘서 미세하게 잘랐는데, 겨우 현미경으로 살펴봐야 보일 정도로 조금 잘렸어요. 그럼 시작이 된 걸까요, 안 된 걸까요? 아무리 작더라도 어찌되었건 잘린 것은 잘린 것이니, 시작은 이미 지나버렸다고 봐야겠죠. 자르기가 이미 진행되었으니까요. 이번엔 자르려고 했는데 잘리지도 않고 자국도 나지 않았습니다. 그럼 시작이 된 걸까요? 아니지요. 시작된 바가 없습니다. 그럼 '시작'은 과연 어디에 있습니까? '시작'이란 따로 존재하는 것이 아닙니다. 자르기와 준비 사이에 있는 그 교차 지점을 '시작'이라고 할 뿐입니다. 달리 말해 '시작'이라는 것은 이 세계 어디에도 구체적으로 존재하지 않습니다. 하지만 '시작'이라는 작업이 없으면 '자르기'라는 운동은 일어날 수 없습니다. 자르기 위한 준비 과정도 아무 의미가 없게 되지요.

한 가지 예를 더 볼까요? 달리기를 할 때 '출발'이라는 신호를 하지요? 그런데 그 출발은 어디에 있고 또 무엇일까요? 달리기를 하려는 어떤 사람이 준비 자세를 취하고 서 있습니다. 심판이 "출발!" 신호를 보냈습니다. 그때 그 사람이 다리를 살짝 떼었습니다. 이것은 '출발'입니까, 달리기입니까? 다리를 뗐다면 분명 이미 달리기가 진행된 것으로 봐야겠죠. 출발은 아닙니다. 그렇다면 아직 다리를 떼고 있지 않아요. 이 상태는 무엇입니까? 이것은 아직 준비 단계이지요. 출발은 아닙니다. 그럼 '출발'은 어디에 있지요? '출발'은 따로 존재하지 않습니다. 달리기와 준비 사이에 있는 그 경계 지점을 '출발'이라고 할 뿐입니다. 이 경우에도 '출발'이라는 동작이 따로 존재하지는 않지만, '출발'이라는 그 순간이 없다면 준비와 달리기는 연결되지 못합니다. 결국 달리기는 불가능하지요.

공간도 그렇습니다. 우리 몸에는 텅 빈 공간들이 있습니다. 그런데 그 공간 덕분에 우리 몸이 기능하고 활동할 수 있어요. 교실도 공간이 없으면 교실로 기능을 못하지요. 컵도 가운데 텅 빈 공간이 없으면 컵의 기능을 못합니다. 노자는 '공간'이나 '시작'이나 '출발'처럼 이 세계에서 스스로의 구체적인 모습을 갖고 있지는 않으면서도 이 세계가 작동되거나 존재하도록 하는 어떤 영역이 있다고 본 것입니다. 그 영역을 그는 '무無'라고 표현하였지요.

그럼 유有는 무엇일까요. "유 명만물지모"에서 유는 만물의 어머니를 가리킵니다. 혹자는 유가 만물의 어머니이니 만물도 모두 유가 낳은 것으로 해석하는데, 잘못된 풀이입니다. 동양에서 어머니는 자식을 낳는 사람이 아닙니다. 기르는 사람이지요. 그럼 누가 낳느냐? 아버지예요. 아버지 날 낳으시고 어머니 날 기르셨습니다. 이것이 동양의 전통적인 생각입니다.

'모'라는 글자는 원래 어머니가 자식을 품고 젖을 먹이는 모습을 형상화한 글자입니다. 어머니가 자식을 품고 있듯이 모든 만물을 다 포괄한 상태에서 그것들을 통칭하여 '유'라 이름 붙인다는 뜻이지요.

우리에게 지금 익숙한 세계관으로 보면 이해하기 쉽지 않지만, 노자의 무와 유는 이렇게 받아들여야 합니다. 몸 안의 공간처럼 비었으되 기능하는 영역을 '무', 눈에 보이는 모든 것을 '유'라 이른 겁니다. 이어지는 구절을 봅시다.

故常無 欲以觀其妙

언제나 무를 가지고는 세계의 오묘한 영역을 나타내려 한다.

'묘하다'라고 할 때 '묘妙' 자에는 여女와 소少가 붙어 있지요. 이 세상에서 가장 알기 어려운 것이 여자 마음이에요. 게다가 젊은[少] 여자의 마음은 더 알기가 어렵습니다. 이것인가 하면 저것이고, 저것인가 하면 이것이죠. 남자들만 모르는 것이 아니라 여자 본인도 잘 모르는 것 같습니다. 아마 신도 모를 겁니다. 잘 분간이 안 되고 알기 어려운 상태를 가리켜 젊은 여자 마음으로 비유하게 되었고, 결국은 '묘'라는 글자를 발생시킨 것 같습니다.

앞서 무가 어떤 영역을 말하는지 설명했어요. 무는 자기는 구체적으로 존재하지 않으면서 다른 것이 기능할 수 있도록 해주는 영역이니 얼마나 묘합니까. 앞서 봤듯 '시작'이라는 개념도 얼마나 묘합니까. 이런 묘한 경계나 영역을 나타내기 위해 노자는 '무'라는 범주를 제시하고 있습니다.

'무'라는 범주의 발견만으로도 노자는 중국 철학사에 불후의 업적을 남겼다고 할 수 있습니다. 여기서 말하는 무는 서양 철학에서 흔히 말하는 파르메니데스 류의 절대무絶對無가 아닙니다. 어떤 사람들은 노자 철학에 절대무와 상대무相對無가 있다고 하는데, 이는 서양

철학의 특정 범주가 노자 사이에서 어정쩡하게 방황하여 나온 어불성설입니다. 여기서는 '비어 있음' 정도의 이해가 더 적절할 것입니다. 유와 무 사이의 철저한 단절을 말하는 파르메니데스가 이 설명을 듣는다면, 아마 "노자가 말한 무는 내가 말하는 무가 아니다. 사실은 유다!"라고 반론을 제기할 수도 있을 것입니다. 노자는 절대적으로 아무것도 없는 상태를 '무'라고 말한 것이 아니라, 자신의 구체적 존재성을 갖고 있지 않는 어떤 상태를 '무'라고 한 것이니까요. 하지만 노자의 '무'는 분명히 기능을 합니다. 자신만의 형체는 없어도, 어떤 영역으로서는 지칭할 수 있습니다.

비어 있는 공간은 구체적인 사물을 비로소 존재하게 하고 기능하게 하는 묘한 교차점 같은 구실을 합니다. 구체적인 것들은 모두 이 비어 있는 상태를 통해서 비로소 자신의 모습을 드러낼 수 있습니다. 무엇이 있기 위해서는 그것이 차지할 공간이 필요하고, 무엇이 기능하기 위해서는 그 기능을 가능케 해주는 여백이 필요합니다. 공간이 있어야 그 자리에 책상이 놓여 비로소 책상이 되고, 컵은 그 안에 텅 빈 공간이 있어야 비로소 컵으로 작용할 수 있게 됩니다.

이런 의미에서 무는 이 세계의 구체적인 것들이 비롯되는 곳이 됩니다. '무'를 '시작'과 연결시키려면 바로 이런 의미에서만 가능합니다. 어머니가 자식을 낳듯이 거기서 만물이 발생되어 나온다는 의미에서의 시작이 아니라는 뜻입니다.

그렇다면 노자는 어떤 의도를 가지고 '유'와 '무'라는 두 개의 범주를 제시했을까요. 뒤에 그 설명이 이어집니다.

常無 欲以觀其妙
언제나 무를 가지고는 세계의 오묘한 영역을 나타내려 하고
常有 欲以觀其徼
언제나 유를 가지고는 구체적으로 보이는 영역을 나타내려 한다.

'무'와 '유'라는 범주를 사용하는 데에는 노자의 의도와 전략이 깔려 있습니다. 즉 앞에서 말한 '시작'이나 '출발'처럼 자신의 존재성은 없으면서도 구체적인 모든 것을 존재하게 하는 그런 상태를 드러내기 위해 '무'라는 범주를 쓴다는 것입니다. 다시 말하면, 무는 텅 비어 없는 것이지만 유가 존재하고 쓰임새가 있도록 하는 위대한 기능을 수행하기 때문에 전혀 없는 것이라고 할 수는 없지요. 그렇다고 다른 것들이 있는 것처럼 자신만의 모습을 가지고 구체적으로 있는 것도 아니기 때문에 '있다'고 할 수도 없습니다. 이런 상태를 '묘하다'고 하는데, 세계의 이런 상태를 드러내 보이려고 '무'라는 범주를 썼다는 말입니다.

그렇다면 노자는 '유'라는 범주로는 무엇을 말하고 싶어 했을까요? '요徼'한 상태란 경계를 말합니다. 실루엣이지요. 노자가 보기에

세상에 구체적으로 존재하는 모든 것은 실루엣을 가집니다. 이처럼 구체적으로 존재하는 모든 것을 한꺼번에 보여주기 위해 '유'라는 글자를 쓴 거예요. 뒤에서 자세히 살펴보겠지만《주역》의 시각을 근거로 말한다면, 이 세계는 모두 '음'과 '양'의 관계로 되어 있습니다. 우리 몸도 음과 양의 관계로 되어 있어요. 노자가 볼 때 이 세계는 모두 '유'와 '무'의 관계로 되어 있습니다. 우리의 몸도 유와 무의 관계로 되어 있습니다.

此兩者 同出而異名
이 둘은 같이 나와 있지만 이름을 달리한다.

흔히 무에서 유가 나왔다고 생각하면서 존재론적으로 무가 유에 앞선다고 여기는데, 노자는 그렇게 보지 않았습니다. 무와 유는 존재론적으로 지위나 순서 상 차이가 없지요.

노자에 따르면 세계를 개괄하는 대표적인 두 범주, 즉 세계의 대표적인 두 차원 혹은 두 영역은 발생론적으로 선후 관계를 이루지 않습니다. 우리가 흔히 생각하듯이 무가 먼저이고 유가 나중인 것이 아니라, 유와 무는 공존하고 서로 협력합니다. 서로 의존합니다. '동출同出'(같이 나와 있는 것)이라고 말하지요. 혹자는 동출을 '같은 곳에서 나왔다'라고 해석하면서, '같은 곳'을 '도'로 간주하고, 도에서 유와 무가 발생되어 나온 것으로 생각합니다. 즉 '유'와 '무'를 '도'의 다른 두 가지 특성으로 보는 것이지요. 하지만 이는 명백한 오류입니다. 더 일반적인 오해는 무를 도의 속성으로 이해하여 도와 무를 같은 레벨에 놓거나 혹은 같다고 보는 방식입니다. 이런 관점의 소유자들은 무가 논리적으로나 존재론적으로 유보다 선행한다고 봅니다. 그러나 이런 해석들은 노자의 원래 의미를 곡해한 이해 방식들입니다.

여기서 노자는 '유'와 '무'가 같은 차원에서 공존한다는 것을 분명히 설명하고 있습니다. 노자에겐 '유'와 '무'가 서로에게 자신의 존재근거를 두면서 공존한다는 사실이 대단히 현묘하게 비춰진 것입니다.

同謂之玄
같이 있다는 그것을 현묘하다고 한다.
玄之又玄
현묘하고도 현묘하구나.
衆妙之門
이것이 바로 온갖 것들이 들락거리는 문이로다.

'문門'이란 들고 나는 일이 벌어지는 곳입니다. 들어가는 일과 나가는 일이 교차하는 바로 그 지점이 문 아닙니까. 노자는 '도'를 '문'에 비유하고 있는 것입니다. 노자는 또 이렇게 이야기합니다. "이 세계는 무 계열과 유 계열의 두 대립면의 공존으로 되어 있다. 이 두 대립면의 긴장과 공존이 이 세계를 만들고 있다. 죽는 것도 태어나는 것도 유와 무의 관계성 속에서 일어나는 일이다."

이 세계의 모든 현상은 유와 무의 긴장과 공존으로 발생하는데 이것이 실로 신비스럽다는 게 노자의 이야기입니다. 이 세상에서 일어나는 모든 일[衆妙]이 유무의 대립과 긴장 위에서 벌어진다는 게《도덕경》제1장의 내용입니다. 이것이야말로 노자를 이해할 때 가장 먼저 인식해야 하는 점이에요.

흔히 '검을 현'이라고 알고 있는 '현玄' 자는 까만 색깔을 나타낸다기보다는 어슴푸레하고 어둑한 상태를 나타냅니다. 너무 멀어서 아득한 상태도 표현합니다. 이것과 저것이 분명하게 구분되지 않는 상태이지요. 유와 무가 서로 의존하고 있기 때문에 분명하게 구분되지 않습니다. 유와 무로 대표되는 대립 항들이 서로 자신만의 세계를 구축하면서 분명하게 구분되어 다르게 존재하는 것이 아니라, 서로 존재근거를 나눠 가지면서 혹은 자신의 존재근거를 상대방에게 두면서 '꼬여 있음'을 나타내는 적절한 용어입니다.

후에 장자나 당초唐初의 성현영 그리고 많은 도가사상가들이 사용하는 '명冥' 자도 비슷한 의미인데, 현과 명은 모두 경계가 분명하지 않은 상태에서 흐릿하게 공존하거나 일체가 되는 경우를 나타냅니다. 노자에 따르면 두 대립면인 유와 무가 같은 차원에서 서로 꼬여 있다는 도식이 이 세계의 가장 근본적인 존재형식이자 운행 원칙입니다.

이러한 원칙을 바탕으로 해서, 세계의 모든 것들은 나타나서 잘 자라다가 늙고 사라집니다. 이는 세계의 만물이 들락거리는 문으로 비유되었습니다.

일각에서는 노자의 철학을 발생론적으로 보고 이 문을 '만물이 발생되어 나오는 곳'으로 해석하는데, 출발부터 잘못되었습니다. 문은 무엇이 나오는 출구의 기능도 있지만, 무엇이 들어가는 입구의 기능도 있습니다. 문은 들어가고 나감이 교차하는 '묘한' 장치입니다. 종착역이나 출발역이 아니라 환승역인 것입니다. 노자에게 그 문은 들기도 하고 나기도 하는 들락거리는 경계이지, 만물이 발생되어 퍼져 나가는 일방통행의 관문이 아닙니다. 유와 무의 상호의존관계 속에서 이 세계가 움직인다는 점을 바로 이 들락거리는 문으로 잘 묘사하고 있습니다.

지금까지 노자의 《도덕경》 제1장을 봤습니다. 노자는 인간의 본질, 본성을 긍정하지 않았습니다. 이는 《도덕경》에 '성性'이라는 글자가 한 번도 등장하지 않는 이유이기도 합니다. 유와 무의 대립과 긴장, 상호 의존적인 관계로 이 세계가 이뤄져 있다는 세계관이 노자 《도덕경》의 내용 전부가 근거하는 뿌리입니다. 노자는 이 세계를 본질론적 실체관이 아니라 관계론으로 해석합니다. 유와 무의 상호 관계를 '유무상생有無相生'으로 표현합니다.

《도덕경》제2장에 나오는 유무상생을 우리는 '유와 무는 서로 살게 해준다'로 해석합니다. 유는 무를 살려주고, 무는 유를 살려준다는 의미입니다. 다시 말하면, 유가 유인 이유는 유 자체에 있는 어떤 특정한 성질 때문이 아니라 무와의 관계 속에서 비로소 유가 되고, 마찬가지로 무도 무 자체에 있는 어떤 특정한 성질 때문에 무가 되는 것이 아니라 유와의 관계 속에서 비로소 무가 된다는 뜻입니다. 본질론과는 전혀 다르지요?

노자의 관계론을 분명히 이해하기 위해서 본질을 강조하는 데카르트의 입장을 살펴볼까요? 데카르트는 더 이상 의심할 수도 없고 환원이 불가능한 두 개의 실체를 상정합니다. 하나는 정신이고 하나는 물질이지요. 당연히 정신과 물질은 실체substance입니다. 즉 각자의 존재를 위해서는 각자가 가지고 있는 본질만이 필연적으로 요구되지 본질 이외의 다른 것은 어떤 것도 필요하지 않습니다. 그래서 논리적으로 이 두 실체는 존재론적인 의존관계를 전혀 갖지 않습니다. 정신의 본질은 정신에 고유하게 갖춰져 있어서 정신을 정신이게 해주면서 정신을 물질과 구별시켜 주는 '사유'이고, 물질의 본질은 물질에 고유하게 갖춰져 있어서 물질을 물질이게 해주면서 물질을 정신으로부터 구별해내는 '연장延長'입니다. 간단히 말하자면 정신이 정신인 이유는 정신 그 자체에 있고, 물질이 물질인 이유도 물질 그 자체에 있다는 것이지요.

노자는 이런 세계관과는 전혀 다른 입장에 서 있습니다. 무는 무 자체에 있는 어떤 특별한 성질을 존재근거로 하여 존재하지 않고, 유는 유 자체에 있는 어떤 특별한 성질을 존재근거로 하여 존재하는 것이 전혀 아닙니다. 무는 그의 대립면인 유와의 관계에 의해서 무가 되고, 유는 그의 대립면인 무와의 관계에 의해서 유가 됩니다. 대립면과의 상호의존관계, 이것이 바로 노자가 이해하는 세계의 존재형식인 것입니다. 노자는 바로 이런 유무상생의 존재형식에 '도'라는 명칭을 붙일 뿐입니다. 이것이 《도덕경》제25장, "억지로 거기 글자를 붙여 '도'라고 한다[强字之曰道]"는 말의 의미입니다.

이렇게 되면, '도'는 하나의 형식이거나 원칙 정도의 의미만 갖는 범주일 수 있지요. 더 나아가보면, '도'는 어떤 무엇으로서 존재한다기보다는 유무상생이라는 세계의 존재형식을 드러내 보여주는 기호나 글자일 수 있습니다. 따라서 사실 도는 이 세계의 발생 근원도 아니며 실체도 아닙니다.

일반적으로, 그리고 적지 않은 학자들이 '도'를 어떤 특정한 존재성을 가지고 실재하는 것으로 이해합니다. 그리고 이런 식으로 실재하는 '도'가 가지고 있는 속성 혹은 속성들의 구체화로 세계의 발생과 변화를 설명합니다. 저는 이런 식의 관점에 찬동하지 않는 입장입니다. 그것은 아마 기존에 우리에게 익숙한 근대적 사유, 즉 실체적 사유를 기반으로 한 이해의 결과일 것입니다. 그렇다면 불교의 '공空' 개념,《주역》에서 말하는 '도' 개념과의 비교를 통해 노자의 '도' 개념을 좀 더 명확히 이해해보도록 합시다.

관계론의 총결,
유무상생

불교에서는 '공'이라는, 이 최후의 논리적 개념 혹은 세계의 존재형식을 표현하는 개념을 하나의 실재적 존재로 바라보는 실수를 할까 봐 내내 걱정합니다. 그 실수란 바로 '공'을 세계의 본체 내지는 근거처럼 실재하는 어떤 대상[相]으로 보는 것이지요. 그래서 이 "공마저도 부정해야 한다[空空]"는 주장을 매우 심각하게 강조하는 것입니다. 하지만 주의를 기울이지 않으면 자칫 이 '공'을 실재하는 것으로 보기 쉽습니다. 이 세계에 존재하는 어떤 존재, 어떤 감각, 어떤 의지, 어떤 행위, 어떤 인식도 모두 '본무자성本無自性', 즉 이 '공'이라는 가장 기본적인 형식을 벗어나 있는 것은 없기 때문입니다.

'공'의 선재성은 존재적 선재성이 아니라 논리적 선재성일 뿐인데, 논리적 선재성을 존재적 선재성으로 착각하는 일이 비일비재합니다. 다시 말하면, '공'이라는 개념은 논리적인 개념일 뿐이며 실제 존재하는 무엇이 아님에도 불구하고 실제로 존재한다고 착각하는 일이 많다는 것입니다.

이런 경우는《주역》에도 있습니다. 〈계사상繫辭上〉에 보면 존재론적 원리를 개괄하는 "일음일양지위도一陰一陽之謂道"라는 문장이 나옵니다. 이 구절도 중국 초기의 원형적인 존재론적 사유 틀을 매우 잘 보여줍니다. 의미는 "한 번은 음적인 성질, 한 번은 양적인 성질이 교대로 나타나는 것을 도라고 한다"입니다. 이 부분은 매우 주의 깊게 음미해야 합니다.

문장의 구조상 그 의미의 중심은 '도'가 아닌 '일음일양'에 있습니다. 고대 한문법에서 '지위之謂'는 설명되는 중심어를 앞에 둡니다. 즉 '일음일양'이 '지위'가 가리키는 중심어가 된다는 것입니다. '일음일양지위도'는 결국 '도'를 설명하는 문장이 아니라 '일음일양'을 설명하는 문장입니다. '일음일양'하는 존재적 형식이나 운행을 '도'라고 부르는 것이지, 본체나 실체로서 존재하는 '도'가 '일음일양'하는 방식으로 구체적으로 실현된다거나 작동한다는 뜻이 아닙니다.

여기서 '도'는 존재하는 '어떤 것'이 아니라 세계가 존재하는 형식 내지는 운행의 원칙을 말해주는 것일 뿐입니다. 극단적으로 말해 '도'는 존재하는 것이 아니라 상징적 틀로서 개괄되어진 '기호'일 뿐이에요.

이 세 가지 세계관을 비교해서 정리한다면 다음과 같습니다.

노자 : 有無相生 ⟹ 道

《주역》 : 一陰一陽 ⟹ 道

불교 : 本無自性 ⟹ 空

노자의 눈에 들어온 이 세계는 존재하는 형식이나 운행하는 원칙이 대립면의 상호의존관계로 되어 있습니다. 노자는 그것을 '유무상생'으로 표현했고, '도'라는 글자로 표시했어요. 사실 '도'는 태생적으로 대립면의 상호 공존 혹은 의존이라는 대전제하에 있기 때문에, '순종純種'보다는 '잡종雜種'의 느낌을 더 강하게 주는 범주입니다. '뒤섞여 있다[混]'는 의미가 발생하는 이유입니다.

여기서 우리는 노자의 《도덕경》 제25장의 내용을 한번 볼 필요가 있습니다.

有物混成

어떤 것이 혼돈스러운 모습으로 이루어져 있으면서,

先天地生

천지보다 앞서 살고 있다.

寂兮寥兮

아무 소리도 없고 아무 모양도 없어라,

獨立而不改

홀로 서 있으며 달라지지 않는다.

周行而不殆

미치지 않는 곳이 없이 운행하면서도 어그러지지 않으니

可以爲天下母

이 세상의 어미가 될 수 있다.

吾不知其名

나는 그것의 이름을 모르지만

强字之曰道

억지로 글자를 붙여 '도'라 하고,

强爲之名曰大

억지로 거기에 이름을 붙여 크다고 말할 뿐이다.

혼돈스러운 모습이라는 것은 다름 아니라 '유'와 '무'가 뒤섞여 있다는 말입니다. '유'와 '무'가 새끼줄처럼 꼬이듯이 상호의존해서 천지자연과 삶의 세계를 가능하게 하지요. 세계의 모든 현상은 대립면의 상호의존관계로 되어 있지만, 그 대립면의 상호의존을 개괄하는 '도'는 홀로 있을 수밖에 없습니다. 이 '도'는 대립면의 관계와 변화를 드러내 보여주는 범주이기 때문에, 세계를 단일한 의미로 제한하

고 정지시키는 역할을 하는 '개념'과는 잘 맞지 않지요. '도'는 존재
하는 어떤 무엇이 아니라, 대립면의 꼬임으로 이 세계가 존재하는 것
을 보여주는 '글자'일 뿐입니다. 그러므로 노자의 철학에서는 '도'는
없는 것이라 해도 됩니다.

그럼 무엇이 실제로 있는 것입니까? 실재로 활동하는 것은 무엇입
니까? 그것은 바로 유무상생의 꼬임이지요. 만약 노자의 철학 안에
서 '득도得道'의 의미를 찾는다면, 그것은 유무상생의 원칙을 체득한
다는 뜻일 겁니다.

본질론적 실체관에 익숙하고 중국 한대漢代의 우주 발생론이나 위
진시대의 본체론에만 갇혀 있는 사람들이 노자의 이런 상호의존적
관계론을 이해하는 일은 쉽지 않습니다. 노자도 이것을 염려했는지
'도'가 실제로 존재하거나 우주의 근원이나 본체로 존재하는 것은 아
니라는 것을 분명히 말해두었습니다. 그런 걱정을 표현하고 있는 부
분이 바로 《도덕경》제4장입니다.

淵兮!
깊기도 하구나!
似萬物之宗
마치 만물의 근원같다.
湛兮!

신비롭기도 하구나!

似或存

마치 진짜로 있는 것 같다.

吾不知誰之子

나는 그것이 누구의 자식인지 모르겠다.

象帝之先

하느님보다도 먼저 있었던 듯하다.

　보통은 "만물의 근원 같다[似萬物之宗]"나 "진짜로 있는 것 같다[似或存]"라는 표현을 근거로 노자의 '도'를 실제로 존재하는 만물의 근원이나 '실체' 혹은 '본체'로 봅니다. 하지만 이런 이해는 노자의 원래 의미와 거리가 있습니다. 여기서는 우선 중국의 글자를 정확히 읽어야 합니다. '사似'라는 글자는 '무엇무엇 같다', '무엇무엇처럼 보인다'라는 뜻을 가지지만, 그 안에는 '무엇무엇처럼 보이지만, 사실은 그 무엇이 아니다'라는 의미가 내포되어 있습니다. 그래서 이 두 구절을 정확히 해석해보면, '만물의 근원처럼 보이지만, 사실 근원은 아니다', '진짜 존재하는 것처럼 보이지만, 사실은 그러하지 않다'는 뜻이 됩니다.

　'무엇무엇처럼 보인다'는 똑같은 의미를 가진 '상象'이라는 글자가 있습니다. 바로 이어지는 구절에서 나오지요. "상제보다도 먼저 있었다"는 구절이 바로 그것입니다. 여기서는 '사' 자를 쓰지 않고 '상' 자를 써서 "무엇무엇처럼 보인다"는 의미를 표현하고 있습니다. 이 '상' 자는 '사' 자와 달리 '무엇무엇처럼 보이는데, 사실도 그러하다'는 의미를 내포합니다. 그래서 도가 "상제보다 앞서는 것처럼 보이는데, 사실 도가 상제보다 앞선다"로 해석되는 것입니다. 노자의 천명론 극복 의지를 잘 드러내고 있는 대목입니다. 당시까지 지배적 권위를 가진 '상제'보다 '도'를 앞세움으로써 소위 '천명론'을 제대로 극복하고 있는 것입니다. 노자의 '도'를 실체, 근원, 본체 등등으로 이해하는 일이 잘못된 것임을 알 수 있습니다.

우리는 노자의 도를 이해할 때, '도'라는 범주 자체에 집중하기보다는 '유무상생'이라는 함의에 더 집중해야 합니다. 그것은 노자가 도를 표현하는 다른 용어에도 적용됩니다. 《도덕경》 제14장에서는 도를 '일一'이라고 표현하기도 합니다. 이 표현을 두고 많은 사람들은 노자가 '도'를 단일성을 가진 어떤 것, 즉 실체나 본체로 상정했다고 합니다. 하지만 이는 노자 철학 전체를 보지 못하고 '일'이라는 글자에 대해 가지고 있는 익숙한 느낌만으로 노자의 '일'을 대하기 때문에 범하는 오류입니다.

노자에 나오는 '일'을 사물에 비유해서 말하자면, 스테인리스 젓가락같이 생긴 '일'이 아닌 새끼줄같이 생긴 '일'이라고 할 수 있어요. 즉 순수한 단일성보다는 이미 두 대립면이 공존하는 잡종의 형식인 것이지요.

그래서 노자는 '도'를 표현할 때 감탄의 어감을 담아서 "새끼줄 같구나[繩繩兮]"라고 말합니다. '유'와 '무'라는 두 대립면의 꼬임으로 이세계가 되어 있음을 '도'로 표현하고 그것을 '일'이라는 글자로 상징하는데, 그 모습을 또 새끼줄의 꼬임으로 형상화한 것이죠.

보통 '도'는 "개념화할 수가 없다[不可名]"고 말하는데, '도'를 명명하지도 못하고 정의 내리지도 못하고 언어로 표현할 수 없다는 뜻이죠. 그런데 개념화가 불가능하다는 노자의 말은 '도'가 언어의 범위를 넘어설 정도로 거대하고 초월적이어서가 아닙니다. '개념화'의 작업은 원래 세계를 일정한 의미로 고정하거나 제한하는 기능을 하지요. 그래서 관계적으로 존재하고 유동적인 변화 속에 있는 세계를 전면적으로 포착할 수가 없습니다.

노자가 "도는 개념화할 수가 없다"고 말하는 진정한 이유는 변화와 관계 속에 있는 세계를 개괄하는 범주인 '도'를 고정하고 제한하는 기능을 하는 '언어'로는 담을 수 없기 때문입니다. '도'가 거대하고 초월적이어서 개념화할 수 없다고 말한 것이 결코 아닙니다. 그것이 새끼줄처럼 꼬여 있기 때문에 어느 한 의미로 제한할 수 없다는 것이지요.

노자의 철학에서 '동同', '현玄', '혼混', '일一', '도道'는 결국 울타리 없이 한 마당에서 같이 지내는 근친간의 관념들인 것이죠. 모두 대립면의 공존, 관계, 단절된 경계의 무화無化, 뒤섞임 등의 의미를 가지기 때문입니다.

이런 맥락에서 우리가 다시 한 번 상기하고 넘어가야 할 문제가 있습니다. 그것은 바로 이런 오해의 가능성을 제공하는, 즉 대표적으로는 '독립불개獨立不改' 등과 같은 구절의 의미를 정확히 이해하지 않으면 노자의 '도'를 우주의 발생 근원이나 실체 혹은 본체로 이해하게 된다는 점입니다.

'도'의 모습을 표현하는 말로 《도덕경》 제25장에 "독립불개"라는 말이 나오는데, 이것은 '홀로 서 있으며 달라지지 않는다'로 번역할 수 있습니다. 혹자들은 이것을 두고 환원할 수 없는 궁극적인 어떤 것이기 때문에 '도'를 '독립불개'로 표현한 것이라고 말합니다. '도'가 이 세계의 발생 근원으로서 최초의 출발점이기 때문에 '독립불개'로 표현했다는 것이죠. 그런데 이 문장의 의미는 그렇게 간단하게 말할 수 없습니다.

이 세계의 모든 것이 대립되는 두 면의 꼬임으로 되어 있지만, 이렇게 세계가 꼬임으로 이루어져 있음을 개괄하여 보여주는 '도'만큼은 반대편을 향해 열려 있거나 반대편을 향해 나아가는 어떤 것일 수 없다는 의미에서 바로 '독립불개'라고 한 것입니다. 대립면의 관계를 총괄하여 보여주는 범주이기 때문에 그것만큼은 짝이 있을 수 없는 것 아니겠어요? 이제 무의식적으로 우리를 지배하는 노자의 '도'에 대한 잘못된 이해를 다음과 같이 도식화해봅니다.

道 (無形, 無聲, 無名)

↓

無

↓

有

↓

萬物

혹은 다음과 같은 구도로 이해하기도 합니다.

道 (無形, 無聲, 無名) = 無

↓

有

↓

萬物

그러나 저는 이런 수직 하강적인 발생론 도식이 회남자나 왕필 철학을 보여 주는 도식은 될 수 있을지 몰라도 노자의 것은 될 수 없다고 주장합니다. 노자에게 있어서는 유와 무가 같은 차원에서 얽히고 설키어 공존하는 형식이 바로 도입니다. 따라서 노자 철학을 참되게 보여주는 도식은 다음과 같아야 합니다.

有
↕   ▶▶   道
無

노자의 철학 체계 안에서 유와 무는 존재적으로 선후나 차등을 두고 있는 것이 아니라, 같은 층차에서 공존합니다. 이것이 노자가 자연을 대상으로 사고한 결과 도출해낸 노자 철학의 핵심 구조인 것입니다. 지금까지의 논의를 한마디로 딱 잘라 말하면, 노자는 이 세계를 본질론적이 아니라 관계론적으로 보고 있다고 말할 수 있습니다.

우주는 무엇을 재료로 해서 구성되었는지, 어떻게 발생되었는지, 어떻게 변화하는지에 대한 논의는 노자가 살던 시대의 사람들에게는 '이슈'가 아니었습니다. 우주의 구성·발생·변화 등이 문제로 등장한 것은 노자의 시대보다 한참 뒤인 전국 중기 이후입니다. 따라서 노자의 철학을 세계의 발생, 구성, 변화 등등과 관련시켜 이해하는 것은 철학사의 흐름과 맞지 않는 억지가 됩니다.

"'유'는 '무'에서 생겨난다" 혹은 "'무'가 '유'를 발생시킨다"라는 주장은 제아무리 천하의 노자라 해도 할 수 없는 주장입니다. 왜냐하면 노자는 그런 문제를 다룰 수 있는 환경 속에서 살지 않았기 때문입니다. 노자 앞에 던져져 노자를 압박하던 사유의 주제가 아니었다는 뜻입니다. '도'의 존재성 혹은 존재 양태에 관한 문제는 노자 사상의 핵심을 이해하는 데 매우 중요합니다.

제가 이렇게 길고 장황하게 "유무상생"을 이야기하는 것은 그의 다양한 주장들이 그저 임의대로 나온 것이 아니라, 그 기본적 세계관의 표현이라는 점을 이해하고 세계관과 주장들 사이의 유기적 연관성들을 이해하는 안목 속에서 노자의 사상을 바라보아야 함을 말하기 위해서입니다.

노자의 철학에서 "저것을 버리고 이것을 취하라[去彼取此]"는 주장이 나올 수 있으려면, 세계에 대한 그의 이해는 반드시 비본질적 관계론이 될 수밖에 없고, 그 관계론의 총결이 바로 "유무상생"이라는 주장입니다.

問

《도덕경》 제1장의 "도가도비상도 명가명비상명"을 설명하시면서 "어떤 대상에 이름을 붙이는 순간, 그것은 진정한 이름 역할을 할 수 없다"라고 설명하셨습니다. 그렇다면 사랑을 노자적 시각으로 볼 때 진정한 사랑은 무엇이며, 어떤 방식의 사랑이 존재하겠는지요.

答

쉽지 않은 질문입니다. 《도덕경》 제1장의 관점에서 표현하면 "사랑을 특정한 의미로 정의 내리면, 그 사랑은 사랑이 아니다"가 될 겁니다.

앞에서 예를 든 것처럼 '사랑은 눈물의 씨앗'이라고 정의를 내린다면 사랑이 눈물의 씨앗으로 제한되는 것 아닙니까. 그런데 남녀 간 사랑이라는 것은 어떤 우주적 느낌과 기억을 가지고 있는 한 남자와 어떤 우주적 느낌과 성향을 가진 한 여자가 만나서 이뤄지지요. 이것은 두 사람 사이에 일어나는 일입니다. 그러니 A 커플의 사랑, B 커플의 사랑, C 커플의 사랑 등 그 수가 셀 수 없을 만큼 존재하겠지요. 그런데 사랑을 '눈물의 씨앗'이라는 특정한 의미에 가둬버리면 A, B, C 커플의 사랑이 모두 눈물의 씨앗에 맞춰져야 하잖아요.

　노자가 사랑은 어떤 것이라고 말하지는 않을 겁니다. 노자는 아마 모른다고 하지 않을까요. '네가 알아서 하라'고 말입니다. 그런데 이런 말을 덧붙일 것 같아요. "왜 사랑을 정의 내리고 시작하려고 하느냐. 사랑하라. 그것이 너의 사랑이다. 너의 사랑을 하라."

4강
—
가짜에 속지 않는 법, 관계론

'생각의 틀을 버리는 것'이
무소유다

모차르트에 관한 이야기로 시작해보겠습니다. 피터 월리가 쓴 《철학가게》에는 다음과 같은 모차르트의 말이 나와 있습니다. "음악은 음표 안에 있지 않고 음표와 음표 사이에 존재하는 침묵 안에 있다."

정말 굉장한 발상 아닙니까? 저는 소리가 음표 사이에 있다는 모차르트의 통찰이 어떤 음악가보다 독창적이고 수준 높은 경지에서 나왔다고 봅니다. 음표가 음악을 담고 있다는 시각과 음표들의 차이로 음악이 존재한다는 시각 사이에는 엄청난 거리가 있어요. 우리에겐 이 두 가지 시각을 구분하는 기초적인 능력이 필요합니다. 약간 어감은 다르지만, 혜민 스님도 이런 말씀을 하셨더군요. "음악이 아름다운 이유는 음표와 음표 사이의 거리감, 쉼표 때문입니다."

세계를 보는 방식이 여러 가지 있겠지만 다음의 두 가지로 거칠게 분류할 수도 있겠습니다. 하나는 이 세계는 '무엇' 혹은 '어떤 것'으로 존재한다는 시각이고, 다른 하나는 이 세계가 '관계'를 통해 존재한다는 시각이지요. 쉽게 말하면 어떤 것을 '이것은 이것이다'라고 보는 시각과 '이것은 다른 여러 것과의 관계로 되어 있다'는 시각으로 나눌 수 있다는 거예요. 이를 철학적으로 말하면 '실체론'과 '관계론'이 됩니다.

모더니즘과 유학은 '실체론'에 가깝습니다. 유학을, 특히 공자와 맹자의 사상을 실체론으로 볼 수 있느냐 하는 점에는 많은 사람들이 수긍하지 못할 수 있습니다. 저는 넓은 의미의 실체론 범주에서 이야기를 풀어나갈 텐데, 이는 '본질론'을 의미한다고 말해야 더 정확할 수도 있겠습니다. 공자가 발견한 '인'은 인간이 인간으로 존재하는 이유이자 근거이지요. 이 '인'이 있어서 인간은 동물이 아니라 바로 인간이 되는 것입니다. '인'이라는 본질이 있고 그 본질을 토대로 해서 인간성이 확장되고 인간으로서 성숙된다는 겁니다.

'관계론'에는 현대의 포스트모더니즘과 불교, 도교, 《주역》의 세계관이 속한다고 볼 수 있습니다. 물론 관계론에 속한 사상들 사이에도 각각 차이가 있어요. 실체관(본질론)과 관계론의 차이, 또 관계론에 속한 사상들의 차이를 살펴보면 노자의 철학을 좀 더 선명히 이해할 수 있을 겁니다. 우선 불교를 대략적이지만 주의 깊게 들여다볼까 합니다. 불교를 이해하게 되면, 노자를 이해하는 데 도움을 주는 사유 모델과 친숙해질 수 있기 때문입니다.

　이 세계를 볼 때 '실체(본질)'와 '관계'로 보는 방식이 있다고 했지요. 또 다른 분류 방식으로 본다면 '가치 지향의 철학'과 '사실 지향의 철학'으로 나눌 수도 있습니다. 모더니즘은 이 세계의 본질을 인정합니다. 본질은 어떤 것을 다른 것이 아니라 바로 그것이게 해주는 성질이기 때문에, 그것이 그것으로 존재하도록 해주는 근거가 됩니다. '존재근거'가 되는 것이지요. 그래서 본질은 존재론적으로 그 존재에 대하여 '선'이겠지요. 왜냐하면 어떤 것은 반드시 그것이 가진 '본질'을 근거로 해서만 존재할 수 있기 때문입니다. 그래서 본질은 좋은 것으로 대접받을 수밖에 없지요.

　'본질'을 인정하게 되면 가치론을 벗어날 수 없게 됩니다. '본질'이라는 말에는 다른 어느 것보다 그것이 우선한다, 그것이 더 좋다는 의미가 들어 있어요. 결국 이 '우선성'과 '좋음'이 확장되는 과정에서 이상적인 단계가 설정될 수밖에 없고, 그 이상적인 단계는 항상 기준으로 기능하게 되지요. 그래서 본질을 인정하면 기준이 당연히 형성되고, 기준이 있으면 당연히 그 기준에 따른 평가가 도출되겠지요. 평가는 바로 가치론적 구분을 하는 것이에요. 따라서 본질주의는 기본적으로 가치론으로 빠지게 되어 있습니다.

　우리가 어떤 본질을 인정한다고 하면 그 본질은 이상적인 단계로 상승해야만 합니다. '이상적'이라는 것 자체가 가치론적 판단 아니겠어요? 그것이 가장 훌륭한 단계이기 때문에 그것을 기준으로 가치의 위계와 질서가 형성되는 겁니다.

이처럼 가치론이라 함은 어떤 것에 대해서든 '좋다' 혹은 '나쁘다' 라는 주관적 판단을 허용하는 철학이에요. 공자나 맹자는 결국은 가 치론에 도달합니다. 인간의 본질을 긍정했으니까요. 그 본질은 가장 탁월하고 또 좋은 것입니다.

그런데 '사실 지향의 철학'에서는 일단 가치론적 기준으로 이 세계 를 구분하지 않습니다. 가치론은 선악 등의 판단 기준을 갖고 이 세 계와 관계하지요. 기준을 가지게 되면 구분하게 되고, 구분한 후에는 배제나 억압의 활동을 하지 않을 수 없게 됩니다. '사실 지향의 철학' 에서는 이러한 태도가 '폭력'으로 이어질 수 있다고 봅니다. 확정된 기준을 삶의 근거로 사용하면, 세계와의 관계도 그 기준이 허용하는 범위 안에서만 이루어지기 때문에 전면적이지 못할 뿐만 아니라 왜 곡되기 십상이지요. 그래서 가능하면 마음속에 자리한 가치론적 판 단장치를 덜어내야 한다고 합니다. 노자가 《도덕경》 제48장에서 "도 를 행한다 함은 날마다 덜어내는 것[爲道日損]"이라고 하지 않았습니 까. 무엇을 덜어내야 할까요? 가치론적 판단규제를 약화시키라는 뜻 이에요. 노자는 가치론적 판단 기준을 모두 걷어내고, 이 세계를 사 실 그대로 볼 수 있는 단계를 '무위無爲'라고 합니다. '무위'란 어떤 가 치론적 장치도 개입되지 않은 상태예요. 가치론이 모두 사라지면 '사 실'만 남게 됩니다. 세계 본래의 진실이 드러나는 격이지요.

불교도 대표적으로 '사실 지향'의 경향을 보입니다. 불교는 인간이 고통스러운 이유를 집착에서 찾습니다. 왜 집착을 할까요? 그 대상을 더 좋은 것 또는 '진짜'라고 가치 판단을 하기 때문입니다. 그런데 불교는 이 세계는 사실로만 되어 있으며, 그 사실 속에서 자신의 가치론적 감정의 동요가 없어야만 이 세계와 건강한 관계를 맺을 수 있다고 말합니다. 도가 역시 같은 맥락에서 '사실 지향의 철학'에 속합니다. '가치'와 '사실'과의 관계에서 주도권을 '사실' 쪽에 두는 경향이지요.

우리가 불교를 깊이 이해하려면 《반야심경般若心經》을 볼 필요가 있습니다. '심경'이란 '마음의 경전'이 아니라 반야(지혜)의 '핵심 경전'이라는 뜻이에요.

불교에서는 우리가 사는 이 세계를 '고통의 바다[苦海]'로 이해합니다. 그래서 삶을 포함한 세계 전체를 여덟 가지의 고통, 즉 팔고八苦로 총괄하지 않습니까? 이 고통으로부터 벗어나는 것, 즉 해탈解脫이 불교의 목적이지요. 인간이 해탈하지 못하는 이유는 업을 쌓기 때문입니다. 업을 쌓기 때문에 윤회의 틀을 벗어나지 못한다는 거예요. 다시 말해 해탈했다는 것은 윤회의 고리를 끊었다는 말입니다.

인간이 업을 쌓는 이유는 위에서 보았듯 그림자처럼 느슨하게 존재하는 것들을, 다시 말해 '가유假有'로 존재하는 것들을 실체성을 가지고 존재하는 진실한 것으로 여기기 때문입니다. 이 세계의 진실한 상태, 진실한 모습을 모르기에 그림자에 집착을 하게 된다는 거예요.

이 세계의 진실한 모습, 즉 '실상實相'을 아는 경지를 불교 용어로 '각覺'이라고 합니다. 깨달음을 얻으면, 다시 말해 이 세계가 그림자처럼 존재한다는 진실을 알게 되면 집착을 하지 않을 수 있습니다.

예컨대 유일하며 영원할 것이라고 믿었던 사랑에 실패한 어린 딸이 울며불며 죽어버리겠다고 난리입니다. 하지만 어머니는 다음에 또 새로운 사랑이 찾아올 것이라며 달랩니다. 왜일까요? 어머니는 압니다. 사랑이라는 것이 두 남녀 사이의 특별한 일시적 관계일 뿐이라는 것을 말이죠. 세상의 모든 것이 변한다는 것을 압니다. 변하고 변하면서 새로운 사랑의 관계가 또 이루어진다는 삶의 진실을 아는 것이지요. 즉 '실상'을 아는 것입니다. '실상'을 알면 집착하지 않게 되고, 집착하지 않으면 고통에서 벗어날 수 있게 됩니다. '실상'은 세계의 실제 모습, 진실입니다.

이처럼 이 세계의 실상을 알 때 인간은 집착을 버릴 수 있습니다. 실상을 아는 것이 불교에서는 그래서 중요합니다. 절 이름 중 '실상사實相寺'가 많은 것이 이런 이유 아닐까요? 실상을 모르면 상相을 짓게 됩니다. 집착의 상태를 만들게 된다는 것이죠.

법정 스님의 에세이 《무소유》에는 이런 이야기가 나옵니다. 스님이 버스를 타려고 막 뛰어가는데 버스가 가버렸어요. 원망스럽지요. '조금 더 빨리 나올 걸' 하면서 마음이 후회스럽고 불편합니다. 고통이 생긴 것이지요. 그때 법정 스님은 '아, 내가 너무 빨리 왔구나. 내가 탈 버스는 뒤에 있구나'라고 생각했다고 해요. 떠난 버스가 자신이 탈 버스라고 생각하는 것이 바로 상을 짓는 행위입니다. 버스는 그냥 자신의 시간표에 따라 움직일 뿐인데 말이죠. 상을 짓는 행위, 어떤 것을 '자기 뜻대로' 정해버리는 행위가 불교에서 말하는 '소유所有'입니다. 평등한 세계를 자기 뜻대로 소유해버리는 것이죠. 자기 시간표대로 움직이는 버스를 보고, 내가 탈 버스라고 내 마음속에서 정해버리는 그것이 바로 '소유적 태도'이자 '상을 짓는 태도'이지요.

사람들은 흔히 불교의 '소유' 개념을 오해합니다.《무소유》를 읽은 사람들 가운데 돈이 많은 사람들이 가끔 "난 가진 게 너무 많아. 이걸 내가 버릴 수 있어야 해"라고 하거든요.

무소유라는 말은 재산을 많이 갖지 말라는 것을 의미하지는 않습니다. 자기 마음대로 어떤 형상을 지어서 그것을 진짜로 정해버리는 행위를 하지 말라는 뜻이에요. 가버린 버스를 두고 '아이고, 저건 내가 탈 버스였는데'라고 생각하며, 그 버스를 아예 내가 탈 버스로 규정하는 게 '소유적 태도'입니다. 이와 다르게, 다가오는 버스를 어떤 가치론적 의도도 없이, 버스 시간표에 따라 그냥 무심히 타는 것이 '무소유의 태도'이지요. 버스가 움직이는 시간표 그대로를 받아들일 뿐, 거기에 자신의 뜻을 개입시키지 않는 자세, 이것이 바로 사실론적 태도입니다. 버스는 시간표대로 움직인다는 사실을 알고, 거기에 따라 마음이 흔들리지 않는 것, 이것이 바로 깨달음입니다.

요약하자면, 사실을 자기 생각의 틀에 가두는 게 '소유'입니다. 사실을 '소유'의 눈으로 바라보면 반드시 고통이 따라옵니다. 왜냐하면 그 '소유'적 시선과 세계의 '실상'은 잘 맞지 않거든요. 잘 맞지 않는데도, 자신의 뜻을 고집하여 관철시키려 하는 것이 집착이지요. 집착은 고통을 낳습니다. 그 집착으로부터 업이 쌓이고 결국 윤회의 틀에 갇히게 돼요. 불교에서는 그래서 '실상'을 아는 것이 바로 깨달음입니다.

 그렇다면 도대체 '실상'이란 무엇일까요. 불교에서 말하는 실상은 '이 세계의 진실한 모습'입니다. 아무리 넓고 깊은 철학 체계를 세운 철학자라 할지라도, 오히려 매우 단순한 깨달음을 기초로 하는 경우가 대부분이죠. 그 단순한 깨달음은 매우 근원적인 인식이기 때문에, 한 철학자가 가진 전체 체계의 기초로 작용합니다. 공자의 언행에 관한 수많은 기록이 그 두꺼운 《논어》 안에 가득하지만, 그 책 내용의 전부는 공자의 근원적 깨달음의 다양한 표현입니다.
 공자의 깨달음을 《논어》에 나오는 내용과 당시 시대의식을 분석해서 유추해보면 아마 이러했을 겁니다. '사람이 사람인 이유는 사람에게 있다.' 사람이 사람인 이유가 신에게 있지 않고, 사람에게 있다는 이 주장은 당시 조건에서는 매우 혁명적인 깨달음이었죠. 신이 가지고 있던 인간 존재의 근거를 인간이 뺏어와 인간 스스로의 것으로 만들어버린 것입니다. 인간이 인간인 이유가 신이 아니라 인간에게 있다고 할 때, 그 이유는 바로 인간의 존재 조건이며 본질이 됩니다. 공자는 그것을 '인仁'이라고 불렀습니다.

마찬가지로 부처의 말씀과 해석들은 모두 그 방대한 《대장경》에 수록되어 있지만, 《대장경》의 방대한 내용을 산출하는 부처의 근원적 깨달음은 그리 복잡하지 않습니다. '이것이 있어서 저것이 있고, 이것이 생겨나므로 저것이 생겨나며, 이것이 없으므로 저것이 없고, 이것이 없어지므로 저것이 없어진다.' 이 깨달음의 내용을 두 글자로 줄이면 '인연因緣'이 되겠지요. 이것이 불교가 세계를 보는 근본적인 시각입니다. '인연'을 요즘 말로 옮기면 '관계'예요. 이 세계가 인연으로 되어 있다 함은 이 세계가 실체로 되어 있지 않고 관계로 되어 있다는 의미입니다. 물론 이보다 훨씬 더 복잡하고 정치한 설명이 필요하지만, 좀 단순화해서 가보지요.

'인간은 이성적 동물이다'라는 정의를 내렸다고 합시다. 이것은 '실체론'적 입장을 표현하는 것입니까, 아니면 '관계론'적 입장을 표현하는 것입니까? 실체론적 입장이지요. 실체론적인 시각으로 보면, 실체는 실체로 존재하도록 하는 특정한 성질을 근거로 존재합니다. 그 특정한 성질을 '본질'이라 하는데, 바로 어떤 것의 '존재근거'이지요. 따라서 '인간은 이성적 동물'이라고 할 때 실체는 '인간'이요, 본질은 '이성'입니다. '이성'이 있기 때문에 인간이 다른 존재가 아니라 바로 인간이라는 '실체'로서 존재한다는 것이지요.

'인간은 이성적 동물'이라고 정의하는 것은, 기본적으로 이 세계에 존재하는 것들은 모두 각각의 차원에서 다른 것들과 구별되는 성질을 기반으로 존재한다는 시각을 반영합니다. 실체론적 입장이니까요. 그런데 관계론은 전혀 다른 입장을 취해요.

앞에 석쇠가 하나 있다고 가정해봅시다. "이것은 석쇠다"라는 말이 가능하겠지요. 본질주의나 실체론적 시각을 가졌다면 분명히 "이 석쇠는 무엇이냐?"는 질문이 가능하게 됩니다. 이 질문에서 '무엇'을 채워주는 내용이 바로 본질이 되겠지요. 석쇠는 실체입니다. 본질이 있기 때문에 석쇠는 석쇠가 돼요.

그렇다면 석쇠가 석쇠인 근거, 즉 석쇠에만 있는 특징적인 성질을 '석쇠ness(석쇠임)'라고 합시다. 실체론적 시각으로 보면 석쇠가 석쇠로 존재하는 이유, 즉 석쇠의 존재근거는 '석쇠ness'가 있기 때문 아니겠어요? 그렇다면 눈앞에 있는 이 석쇠가 사라져도 '석쇠ness'는 남아 있어야 합니다. 또 다른 석쇠들이 있으니까요. '석쇠ness'는 모든 석쇠에 해당되는 보편적이며 또 공통적인 성질이니까요. 그런데 생각해보십시오. 사실 석쇠는 가로와 세로로 얽혀 있는 줄들의 관계로 이뤄져 있을 뿐입니다. 이 관계성만 해체되면 아무것도 아닌 게 되어버려요. '석쇠ness'는 어디로 갔습니까? 없지요. 석쇠를 관계성으로 파악하면 이렇게 됩니다. 다음의 두 문장을 비교해봅시다.

이 세계에 존재하는 모든 것에는 뿌리가 있다.

이 세계에 존재하는 모든 것은 뿌리 없는 부평초와 같다.

각각의 문장은 실체론적 시각을 반영합니까, 아니면 관계론적 시각을 반영합니까? 먼저 앞 문장을 볼까요. 뿌리는 무엇입니까. 몸체가 떨어져 나가지 못하도록 지탱해주고 유지시켜주는 것이지요. 모든 것에는 원래 뿌리가 있다는 시각을 가졌다고 합시다. 여기서 뿌리란 바로 다름 아닌 본질입니다. 이것은 실체론적 시각일 수밖에 없습니다.

뒤 문장은 어떻습니까. 뿌리가 없다는 말이지요. 뿌리가 없다는 말은 본질이 없다는 말이고, 그것을 풀어서 이해하면 존재근거 없이 존재한다는 뜻이 됩니다. 그것을 그것이게 해주는 그것만의 특성으로 존재하는 것이 아니라, 여러 조건들의 연합으로 되어 있을 뿐이라는 말입니다. 존재근거가 없이 존재한다는 것은 바로 관계성으로 존재한다는 것이 되겠지요. 즉 '관계'적 존재라는 말입니다. 이것이 바로 세계를 관계론적 시각으로 보는 태도입니다.

차이가 없다면
의미도 없다

실체론적 세계관을 가진 사람과 관계론적 세계관을 가진 사람이 세상을 살아가는 모습은 전혀 다릅니다. 혹자는 철학을 뜬구름 잡는 학문으로 여기지만 전혀 그렇지 않습니다. 어떤 생각을 가지고 있는지가 그 사람의 행동양식을 결정하거든요. 사람이 달라지면 계급이 달라지고, 계급이 달라지면 정치적 욕구가 달라지고, 따라서 제도가 달라지고 정치가 달라집니다. 철학과 현실 사이의 구조를 파악하는 능력이 그래서 꼭 필요합니다.

이해를 돕기 위해 극단적인 예를 하나 들어볼까요. 저에게는 오랜 친구가 하나 있습니다. 그 친구가 30대 후반의 늦은 나이에 좋아하는 여자를 만났고, 결혼까지 약속했었답니다. 근데 결혼을 하지 못하게 되었어요. 그래서 제가 물었죠. 왜 결혼을 못하게 되었냐고요. 그랬더니 친구가 하는 말이 그 여성이 자꾸 사랑하느냐고 물어보는데, 자기가 대답을 분명히 하지 못했답니다. 왜 대답을 못했느냐고 다시 물었더니 반응이 가관입니다. "난 아직 사랑이 무엇인지를 모른다. 그런데 무엇인지도 모르면서 사랑한다고 말할 수가 없었다." 그래서 그 여성이 '아! 이 남자는 나를 진심으로 사랑하지 않는구나!'라고 생각하고 떠나버렸대요. 사랑하느냐고 물어보는데도 분명히 대답을 못하는 사람을 어느 여성이 믿고 결혼할 수 있겠어요. "그것이 무엇이냐?"는 질문에 "그것은 무엇이다"고 하는 대답을 우리는 흔히 '정의definition'라고 합니다. 정의는 반드시 '무엇'이라는 의문사를 가장 정확히 채워주는 내용으로 이루어져야 하는데, 그것이 바로 '본질'입니다. 제 친구는 전형적인 본질주의자이지요. 실체론적 세계관을 가진 사람입니다. '사랑'에는 반드시 그것을 '사랑'이게 해주는 본질적인 의미가 있다고 보는 것이죠.

관계적 세계관을 가진 사람은 아마 이렇지 않을 겁니다. 그 사람은 사랑도 한 남자 한 여자 사이의 특별한 어떤 관계이지, 어느 누구에게나 하나의 사명으로 다가갈 정도의 정해진 내용을 갖는 것으로 여기지 않겠지요. 사랑에 관한 한 근본주의적 태도를 취하지 않을 가능성이 더 큽니다. 유연한 태도를 갖겠지요. 사랑이란 관계성으로 드러나는 것이지, 본질적 내용을 가진 어떤 것으로 보지 않는 거지요. 제 친구는 아직까지 결혼을 못하고 있습니다. 사랑의 본질을 발견하지 못한 것이 이유가 아닐까요?

언어관에서도 '본질론'적 언어관과 '관계론'적 언어관의 차이를 볼 수 있습니다. 본질주의적 언어관에 의하면, '아름답다'라는 단어에는 그에 대응하는 어떤 상태가 있어서 '아름다움'이라는 의미를 가지게 된다고 보지요. 이를 가장 잘 표현한 한마디가 있습니다. 본질주의 언어관을 설명할 때, 자주 인용되는 구절 같습니다. "돼지를 돼지라고 부르는 것은 얼마나 정확한가? 돼지는 더러우니까."

이렇게 말하는 사람은 돼지라는 단어 속에 더럽다는 의미가 있다고 보는 것이지요. 결국 어떤 단어, 어떤 말에 그것이 지칭하는 의미가 들어 있다고 보는 것입니다.

그런데 스위스 언어학자 소쉬르는《일반언어학 강의》라는 저서에서 전혀 다른 주장을 폅니다. 우리가 어떤 것을 아름답다고 이해하는 것은 '아름답다'는 말 속에 '아름다움'이라는 의미가 들어 있기 때문이 아니라, '아름답다'라는 단어의 주위를 둘러싼 다른 단어들, 예를 들어 추하다, 더럽다, 느끼하다, 귀엽다, 애교스럽다, 무뚝뚝하다, 거칠다 등과의 관계에서 빚어지는 '차이'에 의해 '아름답다'는 의미가 '드러난다'는 것이지요. 의미는 발굴되거나 발견되는 것이 아니라 드러나는 것이 됩니다. 여기서 '차이'라는 개념이, 의미를 드러내는 매우 중요한 장치가 되지요.

소쉬르를 현대 언어학의 아버지이자 현대 철학을 연 선구자로 꼽는 이유는 바로 언어학적 차원에서 이처럼 본질주의적 실체관을 극복하는 시도를 성공적으로 보여주었기 때문입니다. 의미가 그 단어를 지탱하는 본질적 동일성을 기반으로 하여 형성되지 않고, 오히려 그것을 둘러싸고 있는 다른 단어들과의 차이, 즉 '관계'에 의해서 '드러난다'는 관점은 관계론의 전형적인 전개로 받아들여질 수 있습니다.

이런 이유로 관계론적 시각을 가진 사람에게는 이 세계를 보는 하나의 관점, 하나의 기준에 대한 건립을 요구하지 못합니다. 반대로 본질주의적 시각을 가지고 있다면 이 세계를 해석하는 하나의 틀, 하나의 기준을 설립할 수밖에 없겠지요.

불교에서 말하는
관계론

지금까지의 설명을 토대로 불교의 관계론을 살펴볼까요. 《반야심경》의 첫 구절을 보면 "오온개공五蘊皆空"이라는 말이 나옵니다. '세계를 구성하는 오온[色受想行識]'이 모두 '공'이라는 의미지요. 세계를 구성한다고 해서 물리나 화학적인 차원의 구성 요소를 말하는 것은 아닙니다. 예를 들어 오온을 대표하는 '색色'이란 이 세계에 존재하는 것 중에서, 만질 수 있거나 볼 수 있는 모든 것을 말합니다. 색을 비롯한 모든 것이 '공'하다는 것이야말로 이 세계에 대한 불교의 핵심적인 이해죠. 그렇다면 '공'은 무슨 뜻일까요?

지금 눈앞에 의자가 서너 개 놓여 있다고 합시다. 모양도 모두 다릅니다. 그런데 우리는 이것들을 모두 의자라고 합니다. 의자라고 부를 수 있는 이유가 있지요. 바로 각기 다른 이 세 가지 의자가 모두 공통의 어떤 의미를 가지고 있기 때문입니다. 이것들이 모두 의자로 존재하는 이유는 의자라는 '본질'을 가지고 있기 때문이지요. 그런데 의자는 무엇으로 되어 있나요. 나무판자와 못 몇 개로 만들어져 있습니다. 그럼 판자와 못을 분리해버리면 그것들을 의자라고 할 수 있습니까? 아니지요. 의자를 의자이도록 하는 '의자ness'는 존재하지 않습니다. 의자는 영속적으로 존재하는 것이 아니라 의자로 '잠시' 존재하는 겁니다.

의자가 해체되기 이전의 온전한 상태라 해도 불교적 관점에서 볼 때는 그저 '잠시' 서 있는 겁니다. '잠시'라 함은 의자의 아이덴티티를 유지시켜줄 성질이 없다는 뜻입니다. 아이덴티티를 유지시켜줄 성질이 바로 '본질'이지요. 본질이 없다는 관점에서 의자는 뿌리가 없는 임시적 존재입니다.

불교에서는 모든 것을 '잠시 있는 것'이라 하고 '가유'라 칭합니다. 보이는 것, 안 보이는 것을 모두 포함해 이 세계에 존재하는 모든 것은 잠시 존재하는 것이요, '가유' 상태라는 게 불교의 관점입니다.

불교를 잘 몰라도 '인연' 이야기는 많이 들어봤을 겁니다. 길을 걷다가 눈만 마주쳐도 인연이라고 하지 않습니까?

제가 수업을 하고 있는데 어떤 학생이 생수를 한 병 건네줬어요. 제가 만져보니 선선한 정도예요. 그런데 열대지방에 사는 사람이 와서 그 병을 만진다면 어떻게 느낄까요. 필경 대단히 차갑다고 느낄 겁니다. 어떤 사람은 선선하다고 하고, 어떤 사람은 차갑다고 해요. 그렇다면 생수병에 '차가움'이라는 성질이나 '선선함'이라는 성질이 들어 있다는 걸까요? 그렇지 않지요.

어떤 물건을 만질 때 느껴지는 감각이나 질감은 그 물건의 상태를 발생시킨 수없이 많은 조건들과 그것을 수용하는 이의 수없이 많은 조건들이 맞물려 나타나는 현상인데, 그것을 수용하는 이 또한 수없이 많은 조건에 의해 그 순간 존재하고 있는 것입니다.

제 지인의 자녀 중에 딸기를 못 먹는 아이가 있습니다. 딸기 표면의 씨가 모조리 눈으로 보이기 때문이래요. 딸기에 눈이 수백 개 달려 있다니 얼마나 징그럽겠습니까. 그런데 왜 그 학생의 눈에는 딸기 씨가 다른 사람과 달리 '눈'으로 보일까요? 딸기 씨의 본질이 '눈'이기 때문입니까? 아니지요. 불교적 세계관에 의하면 수억만 년 전부터 만들어진 인연의 조건이 작동함에 따라 딸기 씨가 눈으로 보이는 겁니다.

제가 생수병을 들었을 때 가장 기본적인 관계는 '나'와 '생수병'과의 관계입니다. 생수 역시 관계로 되어 있지요. '나' 역시 관계로 되어 있습니다. 가장 가까이는 아버지 어머니, 좀 더 가면 할아버지 할머니와 관계가 되어 있고 그 관계는 무한 확장됩니다. 그러니 '나'도 '생수'도 각자 관계로 되어 있고, 관계로 되어 있는 것끼리 또 관계를 이뤄 '선선하다'는 감각이 최종적으로 드러나는 겁니다. 달리 말하면 감각 역시 '공'이요, 생각 역시 '공'입니다.

생수병을 건넨 타이밍도 그렇습니다. 어떤 사람은 왜 하필 수업 중에 물을 건네냐고 생각할 겁니다. 또 어떤 사람은 절묘한 시간에 건넸다고 생각할 겁니다.

'하필 이 시간에'라고 생각했다면 그 행위 자체에 '불편함'이 특정한 성질로 들어 있기 때문입니까? 아니지요. 그런 행위를 불편하게 여기게끔 그 사람이 여러 가지 조건에 둘러싸여 있기 때문이에요. 반대로 '절묘한 시간'에 가져왔다고 생각한 사람에겐 생수병을 가지고 오는 행위에 '절묘함'이 또한 특정한 성질로 들어 있기 때문입니까? 그렇지 않지요. 그 사건을 절묘하다고 볼 수 있도록 인연화된 관계로 되어 있는 겁니다. 불편함도 절묘함도 스스로 존재하는 것이 아니라 그렇게 드러나도록 하는 '관계성'만 존재하는 겁니다.

불교에서는 모든 태어남을 두고 한 조각의 구름이 일어난다고 하여 "생야일편 부운기生也一片 浮雲起"라 이릅니다. 또 죽음을 두고는 한 조각의 구름이 사라진다는 의미로 "사야일편 부운멸死也一片 浮雲滅"이라 이릅니다. 구름은 아주 작은 물방울들의 관계로 이루어져 있는 상태를 말할 뿐입니다. 구름이 될 수밖에 없는 특정한 본질을 근거로 존재하는 것이 아니라, 물방울들의 관계로만 이루어져 있는 것일 뿐이죠. 살고 죽는 것마저 '관계'로 설명하는 겁니다. 공, 즉 본무자성이 바로 그 말입니다.

불교 사상의 근간이 되는 세 가지 진리인 삼법인三法印도 같은 이야기를 합니다. 그 하나가 '제법무아諸法無我'입니다. 이 세상의 모든 존재에는 내가 없다는 말이지요. 내가 없다는 것은 나라는 본질이 없다는 뜻이에요. 주체성이 없다는 것이지요. 나라고 할 만한 것이 없는 것입니다. 그렇다면 나는 무엇으로 되어 있는가? 인연입니다. 관계로 되어 있어요. 많은 것들의 조합으로 되어 있습니다. 여기서 '나'는 특정한 본질을 가지고 주체성을 확보하고 있는 모든 것을 가리킵니다. 하지만 불교의 시각에 의하면 그런 식으로 존재하는 것은 없습니다.

그다음으로 '제행무상諸行無常'이 있습니다. 이 세상의 어떤 행동, 어떤 인간관계도 지속성이 없다는 뜻이에요. 사는 것도 지속성이 없습니다. 지속을 유지하려면 그 지속성을 지탱하는 어떤 본질적인 근거가 있어야 할 텐데, 그런 것이 없기 때문입니다. 아이덴티티, 본질이 없다는 것입니다. 그러니 일정하게 유지되는 것이 있을 수 없지요. 모든 것은 가변적입니다.

그래서 불교는 이 세계에 존재하는 모든 것을 '환幻'이라고 부릅니다. 요즘 말로 하면 '사이버(가상)'라고 할까요. 이 세상에 존재하는 것은 모두 환영입니다. 환영이라 함은 역시 본질, 실체가 없다는 뜻입니다. 다른 말로 하자면 관계의 얽힘으로 '잠시 있는 것假有'이지요.

"색즉시공 공즉시색色即是空 空即是色"이라는 유명한 문장은 이 관계의 의미를 잘 보여줍니다. 풀이하자면 모든 색은 공의 형식으로 되어 있고, 공의 형식이 있어서 색이 된다는 겁니다.

예컨대 화엄종華嚴宗을 집대성한 중국의 법장法藏 스님은 이 세계에 자성이 없음을 설명하고자 '금사자론金獅子論'을 펼칩니다. 금덩어리가 '자성'을 가지고서 금덩어리로만 있다면 다른 것으로 변형될 수 없겠지요. 금에 '자성'이 있어서 거기에 고정되어 버리면 금사자가 될 수 없습니다. 금사자 역시 금사자로서의 '자성'만 고집하게 되면 다시는 황금덩어리로 바뀔 수 없겠죠. 다른 것이 되려면 자기 부정성이 필요하지요. 어떤 것으로 존재하려 하더라도 그것과 다른 것이 될 수 있는 부정성이 전제되어야만 가능하다는 것입니다. '자성'을 부정하고 '관계'로 세계의 존재성을 설명하는 이론에서는 항상 자기 부정성이 드러나 있습니다. 이 자기 부정성은 대립면이거나 혹은 비정형의 타자를 오히려 자신의 존재근거로 인정하면서 가능해지지요. 그런 의미에서 관계성이 없다면 어떤 것色도 존재할 수 없게 되는 것입니다. '색'에는 '공'이 전제되어 있고, '공'하기에 '색'이 될 수 있다는 것이지요. 이것이 바로 '색즉시공 공즉시색'의 의미입니다.

'공'은 서양에서 말하는 어떤 실체처럼 존재하는 것이 아닙니다. 그냥 세계의 관계적 존재성을 표현하는 논리적 개념이거나 기호에 불과하지요. 진짜 존재하는 그 무엇이 아니라는 것입니다. 그런데 가끔 이 '공'을 진짜로 있는 어떤 것으로 만들어 적극적으로 추구하려는 사람들이 나타나요. 이것은 '공'을 또 하나의 '상'으로 만들어서 '대상화'해버리는 꼴입니다. 그래서 불교에서는 '공마저도 공하라', 즉 '공마저도 부정하라'고 이르는 것입니다. 이런 이유로 불교에서는 지속적인 부정이 득도의 경지에 이르는 가장 중요한 경로가 됩니다.

《주역》에서 말하는 관계론

이제 《주역》이 보여주는 관계론을 한번 볼까요? 철학에서 이 세계를 보는 기본 시각은 범주, 즉 카테고리로 구성되어 있습니다. 어떤 카테고리를 가지고 이 세계를 보느냐가 그 철학의 근본적인 특성을 가장 잘 보여주지요. 《주역》은 이 세계를 반대되는 두 계열의 상호 연관으로 봅니다. 여기까지는 노자와 같습니다. 《주역》의 시각으로 볼 때 한쪽은 여성적인 세계, 다른 한쪽은 남성적인 세계이니 이 세계는 남성성과 여성성의 상호 연관인 것입니다. 여성적인 부분을 음효陰爻

('--'로 나타냄)로 표현하고, 남성적인 부분을 양효陽爻 ('-'로 나타냄)로 표현합니다. 음효와 양효 사이의 관계로 표현된, 이 세계의 다양한 형식을 드러낸 효의 집합적 표상을 '괘卦'라고 합니다. 하나의 괘는 여섯 개의 효로 이루어져 있죠. 《주역》에 따르면 이 세계의 모든 존재와 변화는 음과 양이 상호간에 하나가 늘어나면 하나가 줄어들고, 하나가 나아가면 하나가 물러나는 관계의 유동성으로 되어 있습니다.

예를 들어봅시다. 《주역》의 이치로 보면 이 세계가 양기로만 가득 차 있는 달이 4월입니다. 순전히 양의 기운으로만 되어 있다고 해서 음력 4월을 '순양지절純陽之節'이라고 부릅니다. 당연히 4월을 나타내는 괘는 여섯 개의 효가 모두 양효이지요. 보통 여성들이 봄에 싱숭생숭해진다고 하지요. 음기가 강한 여성들이 우주를 가득 채우려 드는 양기에 본능적으로 반응하는 것입니다. 그러다 달이 지나가면서 음효가 하나씩 늘어납니다. 5월에는 음효 하나 양효 다섯, 6월에는 음효 둘 양효 넷, 7월에는 음효 셋 양효 셋 으로 음과 양의 비율에 변화가 생기죠. 그러다 9월에는 음효 다섯 양효 하나가 되었다가, 10월이 되면 양효는 모습을 감추고 여섯 효가 모두 음효로 채워집니다. 음력 10월은 그래서 우주에 음기가 가득 차게 되는 것이지요. 그러면 양기 덩어리인 남성들이 음기로 가득 찬 우주에 본능적으로 반응을 하게 되지요. 가을에 남성들이 싱숭생숭해지는 이유입니다.

11월부터는 다시 양의 활동이 시작됩니다. 또 시간이 지나 1월이 되면 양의 기운이 더 커지기 시작해요. 새로운 해가 시작되는 것이지요. 2월이 되면 비율적으로 양기가 음기보다 좀 더 많아지게 됩니다. 이때 얼어서 딱딱해졌던 땅이 풀려가지요. 이처럼 이 세계는 모든 것이 음과 양의 비율, 조합으로 되어 있다고 풀이합니다. 어떤 것도 음으로만 혹은 양으로만 되어 있는 것은 없습니다.

《주역》은 이처럼 음과 양의 관계로 이 세계를 설명합니다. 불교에서는 '최진석'이라는 사람을 '인연'이라는 관계로 되어 있다고 하겠지요. 《주역》의 세계관을 가진 사람은 저를 '음과 양의 관계'로 되어 있다고 말할 겁니다.

그런데 《주역》에서는 음과 양의 관계가 따로 떨어져 있는 것이 아니라, 상호 포함관계로 되어 있습니다. 즉 음 속에 양이 있고, 양 속에 음이 있지요. 음과 양이 상호 모순으로 포함되어 있는 것입니다. 그래서 음양의 원리를 그려 놓은 태극도는 음과 양이 S자 경계선을 사이에 두고 양편으로 그려져 있는데, 자세히 보면 양편 모퉁이에 조그마한 눈동자 같은 것이 그려져 있습니다. 즉 양 속에 모순으로서 조그맣게 음이 그려져 있고, 음 속에 모순으로서 조그맣게 양이 그려져 있는 것입니다. 그래서 이 모순끼리의 확장 축소를 유동적으로 진행하여 사태가 변화하는 운동을 표시할 수 있게 되지요. 앞에서 계절에 따라 음기와 양기의 비율이 달라지는 것을 설명했는데, 바로 음기와 양기의 축소 확장의 비율에 따른 변화를 설명하는 것이었습니다. 누차 말하지만 완벽한 음도, 완벽한 양도 존재하지 않아요. 괘가 양효라고 해도 그 안에 음의 성질이 들어 있는 것으로 봅니다. 괘 자체가 음과 양의 중첩으로 되어 있어요. 언제나 모순이 들어 있는 겁니다. 이런 이치로《주역》에서는 발생, 변화 즉 운동을 설명할 수 있습니다. 시간 관념이 들어올 수 있게 되는 것이지요. 예측이라는 것은 우선 시간의 흐름을 먼저 보거나 시간의 흐름을 되돌려보는 과정에서 나오는 판단을 말하지 않습니까?《주역》의 세계관에는 '모순' 개념이 있고, 그래서 여기에 '시간' 관념이 들어설 수 있습니다. 시간 관념이 바로 세계의 수없이 많은 현상들을 예측할 수 있게 하는 기본적인 틀이 되는 것입니다.

우리는《주역》으로 점을 치지요. 점을 친다는 것은 그 안에 시간 개념이 있다는 뜻이에요. 시간 개념이 없으면 점을 칠 수 없습니다. 반야학으로는 점을 칠 수 없겠지요. 불교 반야학은 평면적인 철학이기 때문입니다. 시간이 없으니까요. 즉 그 안엔 모순 개념이 없습니다.

이 세계의 모든 시간성은 모순이 잉태하는 것입니다. 어린 시절에 저는 지금처럼 흰 머리가 많이 나리라곤 상상도 못했어요. 내 안의 어떤 모순이 흰 머리를 자라게 하는 겁니다. 모순이 존재하지 않으면 시간 개념이 자리할 수 없어요.

《주역》은 모순들의 상호 갈등, 상호 균형으로 이 세계가 이루어졌다고 봅니다. 이 때문에 그 모순이 어떻게 커 가는지를 예측하면서 점을 치는 거예요.

불교와《주역》은 모두 관계론이지만 안으로 들어가면 이런 차이가 있습니다. 동양의 전통 사유를 서양 철학과 많이 비교하는데, 헤겔을 노자와 유사한 철학으로 놓고 비교한다면 잘못 짚은 거겠지요? 아마 헤겔의 철학은 노자보다는 《주역》의 그것과 훨씬 더 가까울 것입니다. 헤겔을 노자나 반야학과 유사한 것으로 다룬다면 억지가 되어 버립니다. 반야학이나 노자의 철학에는 모순이란 관념이 없습니다. 그래서 정반합 과정이 없지요. 모순이 있어야만 비로소 정반합의 운동은 가능해집니다. 나중에 더 자세히 보겠습니다만, 노자의 철학에는 정반합과 같은 운동 형식이 있을 수 없습니다.

관계론 철학의 전형, 《도덕경》

지금까지 '관계론'이라는 틀로 불교 반야학과 《주역》의 원리를 설명했습니다. 좀 생소하거나 신기하게 들렸을 수도 있고, 잘 이해가 되지 않거나 쉽게 받아들여지지 않아서 불편할 수도 있습니다. 모두 예상할 수 있는 반응입니다. 왜냐하면 반야학이나 《주역》의 원리가 우리에게는 익숙한 논리도 아니고 익숙한 문법도 아니기 때문이죠. 《도덕경》을 어렵게 느끼는 독자가 있다면 아마 비슷한 이유 때문일 것입니다. 모든 것은 본질을 근거로 존재하는 실체이고, 그 실체는 다른 것들과 구분되는 독립성을 가지고 존재한다는 생각에 익숙하기 때문입니다. 그런데 갑자기 이 세계에는 어떤 것도 나라고 할 만한 것이 없고, 무엇이라 정의내릴 수도 없다고 말하니, 생소할 수밖에 없겠지요.

　지금껏 불교와《주역》을 설명한 것은 이 세계를 실체로 이해하는 것과 관계로 이해하는 것의 차이를 되도록 선명하게 대비해보기 위해서였습니다. 노자의 관계론 철학을 잘 설명해보기 위해서 반야학과《주역》을 이용했다고 할 수 있지요.

　지금쯤이면 '관계'라는 말이 이해됐을 겁니다. 그런데 여기서 주의해야 할 점이 하나 있어요.《논어》에도 관계라는 말이 나옵니다. 신하와 군주의 관계를 중시했지요. 데카르트는 대표적인 실체론자인데, 그의《방법서설》을 읽다 보면 그 안에 '관계'라는 단어가 수없이 등장합니다. 하지만 본질론자나 실체론자가 말하는 '관계'란 실체끼리의 관계를 말하는 것입니다. 반면 불교나《주역》, 노자가 말하는 '관계'는 존재하는 '그것 자체'가 관계로 되어 있음을 뜻해요. 실체로 존재하면서 관계적으로 산다는 의미가 아니라는 말입니다. 이것과 저것 사이의 관계를 말하는 것이 아니라, 이것 자체가 관계로 되어 있고 저것 자체가 관계로 되어 있다는 뜻입니다.

　이제 우리의 본 주제인 노자로 돌아가봅시다. 불교는 이 세계가 모두 인연으로 되어 있으며 모든 것이 관계의 연합으로 되어 있다고 봤지요. 불교의 관계는 무척 넓습니다. 그런데《주역》은 이 관계 전선을 남성성과 여성성이라는 두 개로 압축합니다.

《주역》의 저자가 이 세계의 모든 존재를 음과 양의 관계로 본 것처럼, 노자는 이 세계를 유와 무의 관계로 봤습니다. 일반적으로 노자의《도덕경》을 해석할 때 '도'를 실체로 보고 이 도의 속성 중 하나를 '무'라 풀이합니다. 이 '무'에서 '유'가 나오고 '유'에서 '만물'이 나온다고 노자 철학을 해석해요. 그런데 이는 틀린 겁니다. 만물에서 유로, 유에서 무로, 무에서 도로 상승하는 구조는《도덕경》안에 존재하지 않아요. 이런 잘못된 해석은 아마 근대 실체론의 영향을 많이 받아서가 아닌가 합니다.

그런데 중국 전통 안에서도 이런 유사한 구도의 설명 방식이 없었던 것은 아닙니다. 바로 한漢나라 때의 우주 발생론입니다. 도가 하나의 정기精氣이고, 이 정기의 연역적인 운동으로 모든 발생과 변화가 이루어진다는 이론이죠. 그다음에는 위진 시대의 왕필이라는 철학자도 이와 유사한 식으로 봤어요. 즉 복잡다단한 구체적 현상계가 무질서하지 않고 그 안에 합리성이 있는 이유는, 현상계가 합리성의 원천인 '무'라는 본체에 근거해서 존재하고 움직이기 때문이라는 것이죠. 한나라 때의 우주 발생론이나 위진시대 왕필의 본체론은 우주론적 성격이 더 강하냐 아니면 본체론적 성격이 더 강하냐의 차이만 있지, 둘 다 어떤 형태로든 하나의 정점을 근거 내지 근원으로 삼고 있다는 점에서는 노자의 세계관과 다른 것으로 구별할 수 있겠습니다.

그러니 우리가《도덕경》을 이해하려고 할 때는 누구의 시각으로 이해하고 있는지를 따져봐야 합니다. 대개는 왕필의 시각으로 노자를 이해하곤 합니다. 그러나 노자의 시대와 왕필의 시대는 시간적으로 7백 년의 차이가 나요. 그 안에 진나라, 한나라, 위나라로 왕조가 세 번 바뀌었습니다. 위나라 시대의 당면 문제와 춘추전국시대의 당면 문제는 달라도 너무 다릅니다. 즉 7백 년의 시간차를 간과한 채 왕필의 시각만으로 노자를 보면 노자의 생각을 제대로 이해할 수 없습니다. 이처럼 기본적인 상식을 무시하고《도덕경》을 풀이하기 때문에 다양한 오해와 억측들이 빚어진 것입니다.

흔히 관계론이다 하면 한참 후대의 것이라고 생각하는 경우가 많습니다. 그런데 고대의 사유에는 원래 대립되는 것을 하나의 층차로 이해하는 사유가 이미 있었어요. '란亂'이라는 글자가 있지요. 이 글자에는 '어지럽히다'는 의미와 '정리하다'는 의미가 함께 있습니다. 어지럽혀야 정리를 할 수 있잖아요. 그런데 이 사실을 놓치다보니 수많은 오역이 난립합니다. 이처럼 대립면을 하나의 사건 즉 하나의 세트로 이해하는 사고가 훨씬 더 원초적 사고예요.

잠에서 깬다고 할 때 깨려면 어떻게 해야 합니까. 잠을 자야 합니다. '잠을 깨다'라는 의미를 가진 '각覺'이라는 글자에는 '잠'이라는 의미도 있습니다. 한 글자에 '깨다'와 '자다'라는 대립되는 의미가 동시에 들어 있는 것이죠. 이런 예는 수없이 많습니다. 영어의 'bribe'란 단어에도 '뇌물'과 '선물'이라는 이중적인 의미가 함께 들어 있지요. 또 '약'을 의미하는 'medicine'이라는 단어에는 대립적으로 사용되는 '독'이라는 의미가 함께 들어 있습니다. 대립적인 관계를 하나의 사건으로 보는 것이 더 근원적 사고의 형태였을 가능성이 큽니다. 점점 개념화가 진행되면서 대립되는 의미가 분리되고, 그 대립면 사이의 거리가 점점 벌어졌을 것입니다.

제가 보기에 노자《도덕경》은 관계론 철학의 전형입니다. 관계론 철학이 아니고서는 나올 수 없는 말로 가득하거든요.

주희는 공자의 철학을 '극기복례'라는 네 글자로 개괄합니다. 극기복례로 개괄될 수 있는 세계관의 토대는 '인'이라고 하는 인간의 존재근거, 즉 본질이었습니다. '인'에서 극기복례라는 사회활동의 기준, 즉 행위규범이 나오는 것입니다. 여기에서 거대 국가시스템인 중앙집권 시스템이 도출될 수밖에 없지요.

이에 반해 노자는 거대국가 시스템이 아니라 작은 나라 시스템인 지방자치제를 지향합니다. 그런데 지방분권이나 지방자치를 하려면 하나의 표준으로 전체를 묶어서는 안 됩니다. 각각의 분리된 곳들 각자에 맞는 다양한 기준을 인정해야 하기 때문이지요. 따라서 저 멀리서 표준으로 기능하는 보편적 이념을 버리고 바로 여기에 있는 구체적인 것들의 자율성을 취하는 방식, 즉 '거피취차去彼取此'가 더 적합한 방식으로 요청될 수밖에 없습니다.

공자는 '예'라고 하는 보편적 기준을 설정했지요. 목적을 정한 겁니다. 본질주의는 목적론으로 귀결될 수밖에 없습니다. 그런데 노자의 세계관 속에는 목적론이 자리할 수가 없습니다. 최초 출발점이나 최종 도달점, 본질 등의 개념이 함께할 수 없지요. 이런 형태가 되려면 필연적으로 관계론을 전제해야 합니다. 노자의 '거피취차'나 '작은 나라론'은 필연적으로 그의 관계론을 바탕으로 할 수밖에 없습니다.

問

노자가 강조하는 무위적 삶에 가까워지기 위해서는 공자가 말하는 개념이나 기준에 대한 학습이 선행되어야 비로소 그것으로부터 벗어날 수 있지 않을까 생각합니다. 무위란 유위가 있어야 가능하다는 의견을 어떻게 생각하시는지요.

答

동의합니다. 책을 엄청나게 많이 읽은 성철 스님이 "책을 읽지 말라"고 하셨잖아요? 다시 말해 '책 읽지 말라'는 이야기는 책을 많이 읽은 다음에서야 나올 수 있는 이야기입니다. 사실 우리가 젊을 때는 상당히 유가적인 삶을 삽니다. 그다음에 나이가 좀 들면 그제야 "그래, 노자 말이 맞는 것 같다"고 해요.

불교에서도 계속 무소유를 주장하며 소유적 태도에서 벗어나라고 강조하지만 그 지점에 도달하기 위해서는 용맹 정진해야 합니다.

보통 우리가 도가를 이야기할 때 공부를 열심히 하지 않는 것이 무위적이라고 오해를 할 수 있는데, 그 '무위적인 것'을 열심히 공부해야 하는 겁니다. 철학적으로 유위와 무위는 분명히 구분됩니다. 그런데 유위적으로 해석될 수 있는 노력이 무위 안에 가미되지 않으면 무위는 나태가 되거나 엉망진창이 되고 맙니다. 무위 안에 유위적인 활동이 있어야 한다는 견해에 전적으로 동의합니다. 무위는 근본적으로 세계를 보여지는 대로 보고 반응하고, 유위는 봐야 하는 대로 보고 반응합니다. "반응하는" 행위가 적극적이기 때문에 그것을 '유위'라고 한다면, 무위 안에도 유위적인 활동이 있을 수 있다는 것이죠.

철학이란
무엇인가

노자 사상의 기본은 자연의 질서를 인간의 질서로 응용하자는 것입니다. 이 자연의 질서를 노자는 '도'라고 일렀지요. 노자는 세계를 '유'의 영역과 '무'의 영역으로 나누고, 이 둘의 꼬임으로 세계가 이루어졌다고 설명합니다. 노자 사상에서 무와 유는 공존하는 겁니다. 존재론적으로, 시간적으로, 논리적으로 선후의 차이가 없어요. 지금부터 이것이 왜 현대적인지를 살펴볼까 합니다.

흔히 동양철학이라고 하면 오래된 학문이라고 생각하기 쉽습니다. 다루는 텍스트가 굉장히 오래됐으니까요. 그런데 사실 동양철학은 신흥 학문이에요. '철학'이라는 번역어가 동양에 들어와 학문으로 본격 진행되는 것이 1847년부터입니다.

1847년 일본 학자인 니시 아마네가 'philosophy'라는 단어를 '철학哲學'으로 번역하면서 철학이라는 말이 동양의 학술계와 사상계로 진입하게 됐습니다. 이때부터 철학이 하나의 독립적이고 체계적인 학문의 하나로 들어왔다고 볼 수 있어요.

동양철학은 동양의 오래된 사상적 자료들을 철학적으로 다루는 학문인데, 서양 사람들이 말하는 '철학'이라는 분야의 학문이 사실상 동양에는 존재하지 않았던 겁니다. 이 말에는 오해의 소지가 있을 수 있겠습니다. '철학'으로 다루어질 수 있는 사상적인 내용들은 있었지만, '철학'이라는 독립적인 방법론으로 생각의 틀을 건립하지는 않았다는 뜻입니다. 그렇다면 철학이란 무엇일까요. 이를 이해하기 위해 동양이 철학을 받아들이던 시대적 분위기를 먼저 살핀 후 철학이란 무엇인지, 그것이 노자를 이해하는 데 왜 필요한지를 풀어나가도록 하겠습니다.

저는 개인적으로 중국의 5천 년 역사에 두 번의 축복이 있었다고 생각합니다. 하나는 불교의 유입이고, 다른 하나는 서양철학 특히 마르크스-레닌주의의 유입입니다. 먼저 한나라 말 중국에 불교가 들어온 사건입니다. 춘추전국시대부터 일어난 중국 고유의 사상이 발달하면서 그 사상이 제공한 세계관으로 중국사회는 잘 작동됐습니다. 이것이 동진東晉 시기까지의 상황입니다. 동진 시기에는 춘추전국시기부터 시작된 중국 고유의 사상적 발전이 극에 이르게 됩니다.

중국 고유의 전통사상을 최고로 발전시킨 이가 《장자莊子》에 주석을 단 곽상郭象이란 철학자입니다. 곽상은 '독화론獨化論'을 펼쳤는데 그것은 '현실에 존재하는 모든 개별적 존재들은 완결된 존재'라는 주장이었어요. 모든 개별적 존재들은 각자의 고유한 본성[自性]을 가지고 있는데, 이 '자성'을 근거로 모두 자발적 변화와 발전을 하게 됩니다. 그는 자성을 충족시키는 것을 '자유'로 이해했습니다.

이 주장으로 춘추전국시대부터 발전한 중국 고유의 사상은 최고봉에 이릅니다. 달리 말해 한계에 이릅니다. 막을 내린 거죠. 철학이 한계에 이르렀다 함은 새롭게 전개되는 사회 경제적 변화를 기존의 세계관이 담아내지 못하게 됐다는 뜻입니다. 이때부터 중국에서는 본격적으로 정치적 혼란이 시작되고 분열의 국면이 형성됩니다. 이 틈을 비집고 한나라 말에 중국에 유입된 불교가 중국 사상계에 본격적으로 끼어들지요.

불교는 중국에 거의 완벽하게 발전된 철학으로 들어옵니다. 새로운 시대를 철학적으로 미처 준비하지 못해 어정쩡한 상태이던 중국의 사상계는 이 수준 높은 외래 철학과 대립하고 갈등하게 돼요. 갈등하고 투쟁하고 융합하는 과정을 몇백 년 정도 거친 후 중국의 토종 종교인 도교가 전면에 나서서 불교를 나름의 색채로 완전히 소화한 후, 중국 철학계를 중국 고유의 사상으로 재정립합니다.

이런 역할을 성공적으로 완수한 이가 《노자의소老子義疏》와 《장자소莊子疏》를 쓴 도사道士 성현영입니다. 성현영을 필두로 한 도교계가 외래 사상인 불교로부터 이론을 대폭 수용하여 도교 이론을 발전시키는데, 이런 과정을 통해서 중국 사유는 한층 성숙된 발전을 이루게 됩니다. 불교 이론을 대폭 받아들여 성현영이 완성시킨 성숙된 도교 이론을 '중현학重玄學'이라고 부릅니다.

더불어 당나라 말엽부터 중국의 지식인들은 유학의 부흥을 시도하는데, 이 과업이 송나라 때 완성되지요. 특히 주자가 완성한 새로운 형태의 유학을 우리는 일반적으로 '신유학新儒學'이라 합니다. 유학에다가 '신新'이라는 글자를 붙인 이유는 유학이 선진 시대나 한당漢唐의 그것과 다른 내용과 형식으로 새롭게 무장했다는 뜻입니다. 그 '새로움'은 다름 아닌 '형이상학' 체계를 갖추게 되었다는 것이지요. 즉 인간의 도덕적 활동의 근거를 인간의 내면성에서만 확보하지 않고, 전체 우주의 보편 원리와 연결시킬 수 있게 된 것입니다.

이제 인간의 도덕적 행위는 우주의 보편적 원리와 연결되어 보편성을 확보하게 됩니다. 그런데 이 신유학의 새로움을 말해주는 형이상학 체계는 모두 '리理, 기氣, 성性, 태극太極' 등등의 용어로 표현되어 있습니다. 사실 모두 도교에서 사용되던 범주들입니다. '리'라는 범주는 불교에서도 특히 중심적으로 사용하던 범주이지요. 그것은 중현학 체계가 신유학 체계에 그대로 수용되었기 때문입니다. 지금까지 신유학의 성립 과정을 간단히 살펴보았는데, 도교와 불교의 이론 투쟁 및 융합의 과정이 없었다면 송대의 신유학 성립은 기대할 수 없었을 겁니다. 더군다나 불교가 중국에 들어오지 않았다면 주자라는 거목이 나타날 수 없었을 것이고 주자학이 형성될 수 없었겠지요.

이렇게 탄생한 주자학 이후 유학의 흐름은 명대明代 양명학陽明學으로, 청나라 때 고증학考證學으로 스펙터클하게 변화합니다. 사회적 변화와 사상적 변화가 유기적 통일성을 이루며 순항했던 거지요. 그런데 청나라 말엽 중국의 철학이 또다시 한계에 봉착합니다.

청나라 초기까지만 해도 서양과 중국의 경제적 격차가 사실상 존재하지 않았습니다. 오히려 중국이 경제적 우위를 점하고 있었지요. 그런데 영국에서 산업혁명이 일어납니다. 토인비라는 역사학자가 1760~1840년까지 영국의 경제발전을 설명하면서 처음으로 '산업혁명'이라는 단어를 사용했지요. 산업혁명은 서양사회의 일대 혁신이었고 영국인들은 이 혁신의 물결에 적극 올라타 새로운 단계로 발전합니다. 이를 통해 획득한 막대한 '부'와 '힘'이 영국 내부에 머물지 못하고 외부로 확산되게 됩니다. 바로 제국주의지요. 그런데 이때 중국은 철학적 한계에 도달한 겁니다. 그리하여 영국이라는 새로운 힘 앞에 처절하게 굴복합니다.

중국은 동아시아뿐만 아니라 세계에서도 항상 주도권을 가진 제국이었어요. 그런데 중국을 중심으로 유지되던 아시아의 주도권이 일순 서양에 의해 역전되고 짓밟힙니다. 이러한 국면이 단적으로 드러난 사건이 1840년에 발생한 아편전쟁입니다.

아편전쟁을 계기로 서양은 동양에 대해 현실적인 우위를 점하게 됩니다. 동양은 정치적·사상적·군사적·산업적인 모든 측면에서 서양에 우위를 빼앗겼죠. 그때부터 동양에서는 서양에 대해 심한 열등감을 느끼게 됩니다. 아편전쟁 이후로 동양인들의 가장 큰 열망과 관심사는 서양을 어떻게 따라잡을 수 있을지, 어떻게 서양 문물을 빨리배울 수 있을지에 모아졌어요. 서양을 빨리 배우는 것이 민족을 살리는 길이고, 나라를 재건하는 길이며, 최선의 길이라고 생각하게 된거죠.

당시 서양의 침략에 속수무책으로 당한 중국은, 대포와 군함 등과같은 기술 문명에 패배했다 생각하고 먼저 서양의 군사기술을 따라배우려 했습니다. 그런데 기술 문명을 열심히 따라 배우다가 이것이전부가 아니라는 생각에 이르지요. 이제는 기술 문명을 배후에서 가능하게 해주는 힘, 제도에 천착합니다. 제도를 중심으로 놓고 한참논쟁을 하다가 또다시 이게 전부가 아니라는 생각을 하지요. 그다음에는 제도를 가능하게 해주는 배후의 힘, 즉 사상이나 철학에 천착하게 됩니다. 철학이나 사상이 포함된 문화 논쟁을 철저하게 거친 후,마침내 중국인들은 결국 자신들의 운명을 새롭게 할 철학으로 마르크스 - 레닌주의의 수용을 결정합니다.

중국은 과거 완벽한 사상 체계로 구축됐던 인도의 불교 철학을 받아들여 사상적 재무장을 이루고 사회를 재편해 통일을 달성했던 것처럼, 서양철학에서 최첨단 철학으로 꼽히던 마르크스 - 레닌주의를 수용해 중국을 통일시키고 발전시켰습니다. 전통과의 극적인 단절을 통해서 전혀 이질적인 철학을 수용하고 새로운 중국을 건설하려고 시도한 것이지요. 일반적으로는 중국인들이 전통과 단절을 감행한 일을 매우 부정적으로 보지만, 저는 오히려 이것이 중국의 힘을 보여주는 것이 아닐까 하고 생각해봅니다. 능동적이고 독립적으로 사상 투쟁을 일으켜 과거를 단절해야겠다고 결정한 것입니다. 이는 누가 시켜서도 아니요, 외세에 의한 것도 아니었습니다. 역사적 투쟁을 통해 스스로 결단하고 자발적으로 이뤄냈어요. 독립적인 사고를 통해 과거와의 단절을 결정했던 이 힘이야말로 미래 중국 발전의 동력이 되리라고 저는 믿습니다.

다시 아편전쟁이 일어났던 1840년으로 돌아갑시다. 아편전쟁으로 서양에 완전히 짓밟힌 중국은 '구국'의 활로를 모색합니다. 이를 위해 서양철학을 제대로 배우고자 애써요. 그런데 서양철학이 쉽게 이해될 리 없겠죠. 인도철학, 즉 불교가 처음 전래됐을 때도 중국인들은 이를 받아들이기가 대단히 어려웠습니다.

본성을 가진 실체로서의 존재는 없다고 말하는 게 불교의 사상입니다. 그런데 선진 시대부터 시작된 중국의 사상을 최고의 단계로 발전시킨 동진 시대 곽상은 "이 세계에 존재하는 것은 모두 자기 완결성을 지탱하는 본성, 자기만의 본성을 가지고 있다"는 주장을 하지요. 그러니 '이 세계에 본성을 가진 것은 없다'고 주장하는 불교를 쉽게 받아들일 수 없었지요. 이에 본래 중국 사상에 있던 개념을 통해 불교를 해석하게 됩니다. 이른바 '격의불교格義佛教'지요. 마찬가지로 서양철학이 동양에 수용되는 데도 많은 한계가 있었습니다.

세계를 어떻게
해석할 것인가

화이트헤드Alfred North Whitehead라는 영국 출신의 철학자가 있었습니다. 그가 서양의 수천 년 철학사를 일별하여 이르기를 "서양 철학사는 모두 플라톤의 각주이다"라고 합니다. 다시 말해 서양철학은 모두 플라톤의 철학을 다양하게 풀이한 것이라는 주장이지요. 물론 동의하지 않는 분들도 많겠지만, 이 주장이 일정 부분 설득력이 있는 것은 사실입니다.

플라톤은 세계를 '완벽한 세계'와 '완벽하지 않은 세계'로 나누었습니다. 본체계와 현상계로 나눈 것이지요. 본체계를 플라톤은 '이데아'의 세계라고 표현하는데, 사실 이 세계는 관념의 세계예요. 완벽하려면 변하지 않고 움직이지 않아야 합니다. 그런데 이런 세계는 사유 속에만 존재합니다. 서양의 주류철학에서 볼 때 눈에 보이는 현상계는 모두 변합니다. 또 유한합니다. 따라서 완벽한 세계, 진리의 세계가 아닙니다. 관념에 비해 부족한 세계예요.

그렇다면 서양 사유에서 진리는 '이곳'에 있을까요, '저곳'에 있을까요. 당연히 '저곳'에 있겠지요. 플라톤에 따르면 이 세계에 있는 사람들은 '이곳'의 삶에 매달리는 한 모두 부족한 사람이고 죄인입니다. 진리를 구현하지 못하고 있기 때문입니다.

그런데 왜 이런 구분이 일어날까요? 서양 주류 철학에 의하면 진리의 세계, 참의 세계는 항상 사유의 세계에 있습니다. 그래서 서양 철학은 기본적으로 사유의 구조물입니다. 완결된 사유의 구조를 서양에서는 '철학'이라고 보는 거예요.

따라서 서양 사람들에게 '현상'이라는 단어는 부정적인 느낌을 줍니다. '경험' 역시 믿을 만한 것이 못 되겠지요. 사람마다 다를 수 있으니까요.

공자와 노자는 도의 질서를 구축하려고 했습니다. 도의 질서는 천명을 극복한 것이었지요. 공자는 도의 질서를 건립할 때 철학적 통찰을 인간의 본성 즉 인간의 본질에서 구했고, 노자는 자연에서 구했지요.

공자는 인간이 인간인 이유가 인간만의 씨앗, 본질이 있기 때문이라고 했습니다. 그렇다면 공자에게 인간의 본질 혹은 씨앗이 있다는 것은 경험에 의해 확인됩니까, 사유에 의해 확인됩니까. 바로 경험입니다. 공자는 그 경험의 가장 근본적이고 진실한 원천이 부모 자식 간이라고 했습니다. 다시 말해 부모 자식 간에 흐르는 그 기본적인 정서를 인간의 본성을 가장 잘 드러내는 것으로 파악했다는 말입니다. 부모 자식 간에 흐르는 기본적인 정서가 경험에 의해 확인된 것이지요.

공자보다 유학의 철학을 더 치밀하게 구조화한 철학자는 맹자입니다. 맹자는 이렇게 말해요. "인간이 인간인 이유는 인간의 본성 때문이다. 동물에게 없는 인간에게만 존재하는 네 가지 심리현상이 있으니 타인을 불쌍히 여기는 측은지심惻隱之心, 옳지 않음을 부끄러워하는 수오지심羞惡之心, 남에게 양보하는 사양지심辭讓之心, 옳고 그름을 판단하는 시비지심是非之心이다."

이 네 가지 마음이 이른바 '사단四端'입니다. 사단은 오직 인간에게만 있고, 이 때문에 인간은 동물이 아니라 바로 인간이 되지요. 그래서 맹자 철학에서는 이 사단이 바로 인간의 본성[性]이 되는 것입니다. 인간의 본질이지요. 그렇다면 맹자에게서 인간의 본질, 즉 사단은 경험의 대상입니까, 사유의 대상입니까? 철저히 경험의 대상이지요. 경험으로 확인되는 심리현상을 인간의 본성으로 이해하는 것입니다.

노자는 도의 질서를 건립하는 데 자연의 운행 원칙이나 존재형식을 응용합니다. 이 자연의 존재형식이 유와 무의 꼬임으로 되어 있으면서 서로 상생하는 것으로 파악되는데, 이것 또한 자연의 관찰 결과로 얻어진 것이지 순수한 사유의 결과로 얻어진 것이 아닙니다. 곧 경험적 관찰로 얻어진 것입니다.

일각에서는 동양철학에 논리학이 없다고 주장합니다. 없는 것은 아니지만, 서양처럼 발전된 논리학 체계를 가지고 있지 않습니다. 서양은 논리학이 발달했지요. 논리학의 심층적인 발달 유무로 동서양의 차이를 읽을 수도 있을 것입니다. 그런데 동양에서 논리학이 서양에 비해 깊게 발달하지 않은 이유는 아마 동양 사람들이 논리학에 대한 의존성이 약할 수밖에 없는 사상을 가졌기 때문일 것입니다. 모든 것이라 하면 어폐가 있을지 모르겠습니다만, 철학의 기본적인 토대 내지는 대부분을 경험이나 공감에 의존한다고 말할 수는 있을 것입니다. 논리학이 그다지 필요하지 않은 철학적 구조를 가졌다는 것이지요.

사유의 구조물인 서양철학은 눈에 보이지 않는 것, 만져지지 않는 것, 실재하지 않는 것들의 조직으로 되어 있어요. 이 조직은 치밀하게 구성되지 않으면 진짜인지 검증이 안 됩니다. 그러니까 서양에서 논리학이 발달한 이유는 '실재하지 않는 대상'을 놓고 사유를 하기 때문이에요. 철학 자체가 사유의 구조물이기 때문에 사유 전체의 치밀성이 가장 중요한 문제가 되지요. 그런데 동양의 사유는 사유의 치밀성보다는 경험의 확실성, 경험의 소통이 더 중요했고, 따라서 논리학이 그렇게 핵심적인 역할을 할 필요가 없었습니다.

노자와 공자는 모두 경험을 기반으로 하는 철학자였습니다. 바로 이 '경험'이 현대성과 연결될 수 있습니다.

서양의 근대철학은 기본적으로 본질주의 철학이고 실체론적 철학입니다. 파르메니데스를 생각해봅시다. "있는 것은 있고 없는 것은 없다. 있는 것은 쪼개지지 않은 하나로 있다."

서양 사람들은 무엇이 존재한다는 것은 하나로 존재한다고 생각했습니다. 단일성으로 존재하고 이 단일성을 지탱해주는 성질을 본질이라고 불렀어요. 나에게 본질이 있다면 그것은 다른 사람들과 공유되면 안 되는 것입니다. 인간과 비슷한 동물인 원숭이에게 인간으로서의 본성이 조금이라도 있으면 안 돼요. 인간에게 있는 이성이라는 본질은 인간을 규정하는 단일성의 기초입니다. 이것을 '실체'라고 하지요.

다시 말해 서양 근대철학은 기본적으로 이 세계가 가장 근원적인 어떤 토대 위에 서 있다고 생각합니다. 가장 근원적인 토대, 즉 본체·실체·기원 같은 단어들이 굉장히 긍정적인 어휘가 되는 거지요. 더불어 이 실체론적 세계를 이해하고, 그 세계와 합리적 관계를 맺도록 지탱해주는 인간의 능력을 '이성'이라고 했습니다.

이런 구조 속에서는 정신이 육체에 비하여 우위를 점할 수밖에 없게 됩니다(모든 서양 사상이 그렇다는 것은 아닙니다). 또 이성이 감성보다 우월할 수밖에 없죠. 이런 까닭에 서양 철학에서는 실체·본질·이성·정신 등이 항상 앞장 서는 지위를 누렸습니다. 이런 흐름의 최절정에 도달한 철학자로 헤겔(Hegel, 1770~1831)을 지목할 수 있습니다. 헤겔은 정신의 왕국, 이성의 왕국으로 이 세계를 해석하지요. 그런데 헤겔에 의해서 극에 이른 다음, 전혀 반대의 주장이 나타납니다. 그 선봉이 포이어바흐(Feuerbach, 1804~1872)라는 철학자인데, 그는 헤겔의 절대정신을 사라져야 할 신이 부활해버린 것이라고 해석합니다. 그래서 그는 헤겔의 사상을 거꾸로 뒤집어야 한다고 보았습니다. 즉 그는 헤겔의 이성(정신)의 왕국으로서의 세계를 정면으로 반박하면서, 이 세계는 물질로 이루어졌기 때문에 자연계는 인간의 의식에 의해 변하는 것이 아니라고 말합니다. 이런 포이어바흐의 세계관은 헤겔식의 정신 우위를 뒤집어서 신체 우위를 주장하고, 이성 우위를 거꾸로 뒤집어서 감성이나 감각의 우위를 주장합니다.

포이어바흐와 비슷한 시기에 살았던 중요 인물 중 한 명이 찰스 다윈(Charles Darwin, 1809~1882)입니다. 다윈은 잘 알려져 있다시피 '진화론'을 펼쳤지요. 다윈이 진화론을 내놓기 전까지 서양에서 인간은 매우 특별한 존재였고, 이 특별함은 이성을 가지고 있다는 점에서 두드러졌지요. 당연히 동물과 인간을 해석하는 메커니즘이 달랐습니다. 그런데 다윈은 진화론의 도식을 가지고 인간과 동물을 하나의 이론 틀에서 해석하고 있어요.

이성을 중심으로 기득권을 가지고 있는 사람들에게 다윈은 공공의 적이 됐습니다. 동물과 인간을 하나의 메커니즘으로 설명하는 방식은 인간의 육체성, 동물성을 부각시킵니다. 인간이 가진 이성의 영역이 축소되는 거지요. 포이어바흐와 다윈 이후 서양철학은 인간의 이성에 대한 절대적 신뢰가 붕괴되는 방향으로 전개됩니다. 현대의 서막이 오른 겁니다.

현대를 이야기할 때, 우리는 마르크스(Karl Marx, 1818~1883)나 프로이트(Sigmund Freud, 1856~1939)나 니체(Friedrich Nietzsche, 1844~1900)를 벗어날 수 없습니다. 이 세 사람을 기점으로 현대를 해석한다면 결국 이성에 대한 부정으로 귀결되지요. 칼 마르크스는 우선 근대적 세계관에서 가장 중심적 지위를 차지했던 이성이 본질적인 것이 아니라, 그것은 오히려 그보다 더 근본적인 존재성을 가지는 물질의 부산물로만 존재한다고 폭로합니다. 매우 분명하고 명징한 이성적 활동들이 사실은 사회경제적인 조건과 같은 물질적 기반에서 파생된 부차적인 것으로 간주되어버리지요. 프로이트는 마르크스와는 다른 각도에서 현대를 엽니다. 그는 인간의 의식 활동을 지배하는 근본적인 힘은 이성이 아니라 무의식이라고 말합니다. 프로이트가 이런 말을 하기 전까지 인간의 의식 활동은 바로 명징한 이성의 활동일 뿐이었죠. 그런데 프로이트가 등장해서 오히려 이성적 활동으로 보였던 것들은 사실 성적인 의미가 강한 무의식의 발현에 불과하다고 말합니다. 결국 인간의 근본적인 뿌리는 이성이 아니라 성적 욕망을 내용으로 하는 무의식이라는 것이죠.

들뢰즈(Gilles Deleuze, 1925~1995)는 그의 저작 《니체와 철학》에서 "현대 철학은 대부분 니체 덕으로 살아왔고, 여전히 니체 덕으로 살아가고 있다"고 말합니다. 니체가 바로 현대라는 것이죠. 니체가 왜 현대입니까? 그는 근대 이성을 계산적 이성이라고 비판하면서, 이성이 아니라 동물적인 권력에의 의지가 우주의 본질이라고 합니다. 이성은 정신으로 존재하고 의지는 육체로 존재하죠. 근대가 이성의 시대였다면 현대는 비이성, 즉 '육체성'의 시대입니다. 마르크스의 사회경제적 조건도, 프로이트의 성적 욕망도, 니체의 의지도 모두 육체성입니다. 육체성은 바로 구체성입니다.

인간 존재의 근거가 이성 대신에 욕망으로 설명되면서 우리의 현대는 시작됩니다. 이성은 누구에게나 보편적으로 존재하여 공통의 비율과 공통의 계산력을 사용하지요. 그래서 집단을 지배할 수 있는 힘을 갖게 되었습니다. 하지만 현대에 들어와서 인간을 욕망의 존재로 이해하면서 인간에게는 점점 물질(육체)이 더 근본적인 것으로 받아들여지게 되었습니다. 욕망은 집단보다는 개별자에게서 더 분명히 확인되죠. 육체성을 통해서 인간은 '각자'가 됩니다. 그래서 세계는 이제 집단적 통합보다는 개별적 주체들의 자율적 융합으로 무게중심이 이동할 것입니다.

현대에서는 세계를 해석할 때 사유보다는 무시되었던 경험이 새롭게 부각되는 방향으로 전개되는 것 같습니다. 사유가 중심적인 역할을 하던 시대에서 경험이 부각되는 시대로, 이성이 중심적인 역할을 하던 시대에서 감성이 중시되는 시대로, 정신이 절대적 우위를 점하던 시대에서 육체 혹은 욕망이 새롭게 조명되는 시대로 이행하는 것이죠. 집단에서 개별로, 보편에서 특수로, 본체에서 현상으로 건너가고 있는 것이 아닐까요?

이것이 우리가 맞이한 현대입니다. 노자의 '현대성'도 이러한 맥락에서 찾아볼 수 있습니다.

問

노자의 철학을 토대로 살아간다는 건 어려울까요?

答

저는 어떤 단계에 도달할 때 특정한 방향이 있다고 생각하지 않습니다. 공자를 통하기도 하고 노자를 통하기도 하지요. 또 공부를 통해서만 경지에 도달하는 것도 아니라고 생각합니다. 세상 경험 속에서, 일을 통해서 경지에 도달하는 사람들을 많이 보았거든요.

그런데 유가와 도가는 분명히 차이가 있긴 합니다. 유가는 채우고 채우고 채워서 그 높이를 우주의 높이까지 이르게 할 수 있다고 보고, 도가는 비우고 비우고 비워서 우주를 그대로 받아들일 수 있다고 믿는 것이거든요.

다시 말해 유가는 채워서 높이 도달하는 방법을 제시했고, 도가는 비워서 세계를 받아들이는 방법을 제시했습니다.

제가 노자 사상을 강조하는 이유는 이것이 현대주의적이기 때문입니다. 강의에서도 말했듯 도가는 불교, 현대주의와 맥을 같이하고 있기 때문에 좀 더 관심을 가져보자는 것입니다.

6강

지知가 아닌 명明으로 본다는 것

진실의 세계는
저곳이 아닌 이곳에

앞에서 동양과 서양, 근대와 현대를 비교한 이유는 노자 철학의 특색을 좀 더 분명히 하기 위해서였습니다. 노자처럼 다양한 해석 앞에 무방비로 놓인 철학자도 드물기 때문입니다. 지금까지의 여정은 노자 철학이 어떤 맥락 속에 있는지, 어떤 구조를 가지고 있는지를 가능한 한 분명히 조명하는 작업이었습니다.

동양철학은 사실 신흥 학문입니다. 매우 오래된 내용들을 대상으로 하기 때문에 오래된 학문처럼 보이지만 말이지요. 이런 동양철학이 전 세계적으로 이전보다 더 큰 관심을 받고 있는 것은 사실입니다. 그런데 이런 동양학 붐도 동양에서 시작되었다기보다는 사실 서양에서 시작되었다고 봐야 합니다.

과거 라이프니츠나 헤겔이 살던 시대에도 서양에서는 동양, 특히 중국에 대한 관심이 매우 높았습니다. 하지만 서양과 정반대에 있는 일종의 신비스럽고 이질적인 대상에 대한 관심이었지요(서양에 대한 동양의 다양한 영향을 무시하는 것은 전혀 아닙니다). 그런데 근래 일어난 붐은, 철저히 서양인들이 자신들이 봉착한 어떤 한계를 타파할 새로운 돌파구 혹은 지혜를 찾아보고자 하는 성격이 강합니다. 과거 동양에 대한 서구의 관심과는 질적으로 다르게 전개되는 양상을 보입니다.

서양 사람들은 아주 최근까지 자본주의가 매우 합리적인 제도이며 합리성의 절정에 있다고 봤습니다. 그래서 자본주의의 발달 정도로 한 사회의 합리적 성숙도를 가늠하기도 했지요. 막스 베버(Max Weber, 1864~1920)라는 사회학자는 중국이나 인도에서 자본주의가 발달하지 않은 이유를 개신교 윤리, 즉 프로테스탄티즘의 부재에서 찾았을 정도입니다.

서양인들은 자신들이 가진 합리성의 최고 척도인 자본주의가 잘 발달하고 있기 때문에 스스로 매우 합리적인 사회를 이루고 합리적인 철학을 가지고 있다고 자부했습니다. 그런데 갑자기 아시아에서 일본을 위시한 네 마리 용(한국, 홍콩, 싱가포르, 대만)이 경제적으로 부상했어요. 아시아의 경제발전은 서양인들의 눈에 상당히 생소하게 비춰졌습니다. 개신교 윤리가 없는 사회에서 자본주의가 어떻게 저렇게 빨리 발전하는가? 기이한 일이었지요.

더군다나 서양에서는 이미 실체관, 근대철학이 한계에 이르렀다는 인식이 상당히 강해져 있었습니다. 철학적으로 한계에 이르렀다는 목소리가 높아진 상황에서 서양과 전혀 다른 철학을 가진 동양에서 경제발전을 이뤄내니 놀라운 시선으로 바라보게 된 거지요. 달리 말하자면 상대도 되지 않았던 아시아에서 새로운 경쟁 상대가 나타나고 있는 상황이었습니다. 이것이 아마도 세계적으로 동양학 붐이 일어난 직접적 계기가 아닐까 합니다.

서양인들은 특히 유교에 집중적인 관심을 보였습니다. 서양에선 유교를 서양철학과는 매우 이질적인 철학으로 보는데 저는 이것이 잘못됐다고 봐요. 유교 철학과 서양의 모더니즘은 일면 상당히 닮아 있기 때문입니다. 대표적으로 데이비드 홀(David Hall)과 로저 에임스(Roger Ames)는 유가 철학을 현대의 포스트모던적 경향으로까지 읽으려 합니다. 서로 먼 거리에 있으면서 형성된 편견 때문에 서양의 모더니즘과 유가 철학이 크게 달라 보이는 것이지요. 피상적으로 보면 다르게 보일 수도 있습니다. 하지만 이는 근본적인 유사성을 흔들어 놓을 정도의 이질성은 아닙니다. 유가철학은 현대 서양의 모더니즘과 매우 흡사한 철학입니다. 이 점에 관해서는 제가 최근에 펴낸《저것을 버리고 이것을》이라는 책에 수록된〈쾨니히스베르크의 위대한 중국인과 노장의 어색한 만남〉과〈포스트모더니스트들의 유학 읽기〉라는 논문을 참고하시기 바랍니다.

동양에서도 서양을 원래 형식 그대로 수용하지 못하는 것처럼, 서양 역시 동양에서 새로운 철학에 대한 지적 영감을 얻으려고 하지만 동양철학에 대한 정확한 또는 철저한 인식은 아직 부족한 상태라고 저는 판단합니다. 물론 이에 대해 다른 의견도 존재하겠지요. 또 부족한 상태에서 나오는 사소한 오해들이 오히려 새로운 창조를 북돋울 수도 있습니다.

지금까지 동양이 서양 배우기를 통해서 구축한 동양철학은, 서양철학을 그대로 이식하거나 서양철학적인 시각으로 전통철학을 해석하는 데 머물고 있었습니다. 우리가 익히 들어서 알 만한 중국의 대표적인 철학자들도 서양철학의 한 조류를 받아들여 그 시각으로 중국 철학을 해석하기도 했습니다. 예를 들어 중국에 풍우란馮友蘭이라는 철학자가 있습니다. 의심할 여지없는 위대한 연구자입니다. 중국철학을 공부하는 사람들이 최고의 저서로 꼽는《중국철학사中國哲學史》의 저자이지요. 그런데 알고 보면 풍우란의 저술에는 '신실재론新實在論'이라는 서양철학의 모델을 적용한 요소가 상당히 많습니다. 또 모종삼牟宗三이라는 대만의 철학자도 상당 부분 서양의 칸트 철학을 통해 중국 철학을 해석했어요. 이렇다 보니 중국에만 존재하는 중국만의 고유한 사상, 동양적 사유의 특징이 오히려 부각되지 못하고 사장되어 버리는 측면이 있습니다.

앞의 이야기를 잠깐 정리해봅시다. 근대까지 서양철학의 주류는 본질을 근간으로 한 실체관이고 이 실체관의 확산은 이성을 통해서 수행됐다고 했지요. 서양철학은 기본적으로 사유의 구조물입니다.

서양 사람들이 경험의 세계, 현상 세계, 실제 존재하는 세계, 감각의 세계를 수준이 낮은 세계로 보는 이유는 변하기 때문입니다. 움직이기 때문이에요. 또 유한하기 때문입니다. 경험의 세계, 현상의 세계의 기본 특징은 변한다는 것이에요. 따라서 무한하고 완벽하고 변하지 않는 사유의 세계, 이성의 세계, 관념의 세계, 개념의 세계에 비해 수준이 낮다고 여기는 겁니다.

현상을 중심으로 본다면 이 세계가 변한다는 것을 받아들일 수밖에 없지요. 그런데 사유의 세계를 놓고 보면 이 변하는 것을 지배하는 변하지 않는 어떤 것이 있겠지요. 가변적인 유한한 세계를 지배하는 불변의 세계가 있다는 생각이 서양 철학의 출발점입니다.

공자와 노자는 어땠습니까. 공자, 노자는 자신들의 철학을 구축하는 데 필요한 기본 틀을 경험을 통해서 만들어냅니다. 이는 현상을 긍정하는 겁니다. 그러니 중국 사람들은 눈에 보이고 경험하는 것이 실재의 세계, 참세계라고 보는 겁니다. 현상이 진실, 눈앞에 있는 것이 진실이라는 것이죠.

중국에서 발생하고 성장한 종교가 있습니다. 바로 도교입니다. 그런데 중국적인 사유의 정점에 서 있다고 할 수 있는 도교에는 타 종교와 상당히 구분되는 두드러진 특징이 있어요. 대부분의 종교는 현실을 '떠나야 될 곳'으로 봅니다. 현실을 부정해요. 거의 모든 종교에서 '이 세상'은 부족하고, 고통스럽고, 죄지은 자들이 사는 곳이기 때문에 떠나야 할 곳입니다. 그렇기 때문에 진실 혹은 진리가 있는 완벽한 '저 세상'으로 가야 한다고 주장합니다. 그리스 신화에 보면 죽고 나서 '망각의 강'인 레테 강을 건넌다는 내용이 나오지요. 이 세상의 기억을 모두 잊어버려야 한다는 거예요. 이 세상과 저 세상에는 이처럼 단절이 있어요. 그것이 바로 초월입니다.

그런데 도교에서는 현실 세계의 제도가 천상의 세계에 그대로 존재합니다. 현실 세계와 질적으로 다른 세계로 가는 게 아니라, 현실 세계를 연장해버립니다. 이 사람들이 살고 싶은 세상은 바로 '여기'이기 때문에 '여기'와 단절된 '저 세상'으로 가려는 것이 아니라, '이 세상'을 연장해서 '저 세상'과 연결시키려는 것입니다. 중국인의 실용주의, 실리주의가 여기에 뿌리를 두고 있습니다.

중국인들에겐 이 세상이 좋은 세상이고 진실도 이곳에 있습니다. 진실이 여기에 있기 때문에 여기에 존재하는 진실을 그대로 연장해가는 것이 도교의 모습이에요. 이 연장은 '기氣'를 매개로 이뤄집니다. 현실과의 단절 대신 연장을 주장하고, 현실을 부정하는 대신 진실이라고 긍정하는 겁니다. 더 자세한 내용은《저것을 버리고 이것을》이라는 책에 수록된 〈사람이 죽는다는 것〉이라는 논문을 참고하시기 바랍니다.

이 세계가 진실이라고 보기 때문에 중국 사람들이 철학을 구축하는 사유의 원천은 경험에서 옵니다. 공자도 그렇고 노자도 마찬가집니다. '경험의 구조'에 있는 이들에겐 경험이 진실입니다. 실제 현상이 진실입니다. 달리 말하면 변화를 긍정한다는 뜻이에요. 노자 역시 경험을 철학의 원천으로 삼았으며 현상계, 즉 저곳이 아니라 이곳이 진실의 세계라고 인정했다는 점을 기억해두기 바랍니다.

최근에 서양 철학의 한 분야를 포스트모더니즘이 차지하고 있지요. 모더니즘 이후의 철학을 말하는 섯인데, 여기서는 '텍스트text'라는 용어를 사용합니다. 텍스트는 텍스타일textile이나 텍스처texture와 깊은 연관이 있는 말입니다. 즉 이 세계는 마치 직물이 짜여 있듯이 교직交織되어 있다는 뜻이지요. 이 세계는 그 어떤 것도 온전하게 있거나 온전하게 없는 상태로 존재하는 것이 아니라, 있음과 없음으로 짜여 있을 뿐입니다. 이처럼 이질적인 것들이 뒤섞여 짜여 있는 것을 세계로 본다면, 여기에는 어떤 것도 기원을 이루는 중심으로 자리 잡을 수 없습니다. 이 세계를 어떤 근원적인 토대에서 연역되었거나 그 토대를 기반으로 서 있는 것으로 보는 대신 관계성으로 파악한다는 겁니다. 바로 본질주의적 세계관이 아니라 비본질주의적 세계관으로 세계를 바라보는 것이지요. 이렇게 되면 본성의 존재성은 당연히 부정되겠지요.

해와 달을
품다

철학이란 기본적으로 이 세계가 어떻게 존재하고 운행하는지를 파악하고 거기에 대응해 어떻게 살아야 하는지를 결정하게 합니다. 노자는 이 세계가 어떻게 존재하는지 또 어떻게 운행하는지의 원칙을 유무상생으로 파악하고, 거기에 억지로 글자를 붙여 '도'라고 했습니다. 그렇다면 노자의 사상 안에서 가장 이상적인 행위는 바로 '도'를 근거로 하거나 '도'를 본받아서 하는 행위일 것입니다.

《도덕경》제21장에 "공덕지용 유도시종孔德之容 惟道是從"이란 구절이 나옵니다. '큰 덕의 모습은 오직 도를 따르는 것'이라는 뜻이에요. 여기서 '덕'이라 함은 정치 행위, 윤리적 행위, 인식적 행위, 앎의 행위 등 인간이 하는 모든 행위를 포함합니다. 그래서 가장 훌륭한 활동, 가장 훌륭한 삶, 가장 훌륭한 정치 행위, 가장 훌륭한 지적 활동은 오직 '도'처럼 행동하는 것이라고 노자는 강조하고 있습니다.

노자는 또 바로 이어서 "도지위물 유황유홀道之爲物 惟恍惟惚"이라고 말합니다. 도라고 하는 것은 황홀하여 헤아리기 어렵다는 뜻입니다. 문장 안에서 황恍이나 홀惚은 모두 흐릿하여 알 수 없는 모양을 표현하지요. 노자는 황 자 하나만 쓰든, 홀 자 하나만 쓰든, 혹은 황 자를 겹쳐 쓰거나 홀 자를 겹쳐 써도 될 터인데, 굳이 황 자와 홀 자를 동시에 사용하고 있습니다. 그다음 문장에서는 이런 경향이 더욱 두드러지죠.

惚兮恍兮 其中有象 恍兮惚兮 其中有物

홀하고 황하구나! 그 안에 형상이 있다. 황하고 홀하구나!

그 안에 실정이 있다.

여기서는 홀 자와 황 자를 문장에 따라 다른 순서로 배치하며 교차시키기까지 합니다. 황 자나 홀 자나 모두 미묘하고 흐릿하여 분간하기 어려운 상태를 말하는 것은 같지만, 황은 너무 밝아 눈이 부셔서 흐릿해진 상태이고 홀은 어둠 속에 있어서 흐릿해진 경우입니다. 중요한 점은 이 두 글자의 의미 차이를 부각시키려는 것이 아니고, 노자가 밝음과 어둠을 교차시키는 수사법을 쓴다는 사실입니다. 최소한 밝음과 어둠을 중첩시키기까지는 한다는 것이죠. 여기서 '미묘하고 흐릿함'이라는 최종적인 의미를 밝음과 어둠의 교차로 표현하는 노자의 의도를 짐작할 수 있습니다. 이런 표현들이 모두 세계가 대립면의 꼬임으로 되어 있다는 것을 상징하고 있어요. 세계는 이렇게 대립면의 꼬임으로 우리에게 드러납니다. 세계가 본질을 근거로 존재하는 것이 아니라 관계로 존재한다는 것을 긍정하는 한, 세계에 관계하는 방법 또한 관계적 능력에 의거해야 할 것입니다.

《도덕경》에서 노자는 세계가 존재하는 형식인 '도'를 현이나 새끼줄[繩]을 가지고 묘사하지요. '현'도 대립면의 경계가 불분명하게 상호 뒤섞여 있는 모습이고, 새끼줄은 대립면의 두 가닥이 꼬여 있는 모습이지요. 모두 관계적 존재론을 상징하는 개념입니다. 그럼 이 세계를 받아들이는 우리의 인식 능력은 어때야 할까요? 노자에 의하면 그것은 '지知'의 방법이 아니라 '명明'의 방법이어야 합니다. 해를 해만으로 보거나 달을 달만으로 보는 것이 아니라, 달을 해와의 관계 속에서, 해를 달과의 관계 속에서 보는 것이지요. 해를 해로 보고, 달을 달로만 보는 것은 해와 달이 분리되어 있는 것이라는 전제에서 출발하지요. 분리된 것으로서 분명하게 인식하는 것을 '지'라고 합니다. 반면 해와 달을 상호 연관 속에서 인식하는 것을 '명'이라고 하는데, 달과 해가 존재적으로 따로따로 분리된 두 개로 존재하는 것이 아니라 관계를 이루는 한 벌의 사건으로 보는 것이죠. 해와 달을 동시에 포착하는 능력, 이것이 바로 '명'입니다. 이것이 바로 노자의 통찰입니다.

問

노자가 말하는 '관계'를 다른 말로 하면 뭐라고 할 수 있습니까?

答

관계라는 단어는 노자의 '유무상생'을 현대적으로 표현한 것입니다. 노자는 '관계'라는 단어를 한 번도 쓰지 않았어요.

관계는 철학적 용어예요. 관계와 반대되는 철학 용어는 '실체'입니다. 제가 '관계'라는 단어를 자주 쓰는 이유가 무엇일까요. 근대에서 현대로의 변화를 물리학적으로 말한다면 뉴턴 물리학에서 양자역학으로의 변화라고 할 수 있습니다. 실체 중심에서 관계 중심으로 변하고 있어요. 기준, 즉 스탠더드가 없어지는 겁니다.

'이성reason', '합리성rationality', '순수성purity' 같은 단어는 실체와 연결되지요. 하지만 현대주의자들은 모든 것을 관계로 파악하지요. 관계라는 세계관의 적용 속에서는 '집단적 우리'보다는 '개별자의 자발성'이 더 잘 조장됩니다.

7강

'안다'는 것은 결국 '모른다'는 것

'아무것도 아닌 사람'의 위대함

노자 사상의 기본 구도는 이 세계가 두 대립면의 꼬임으로 되어 있다는 것입니다. 바로 유무상생이지요. 유무상생을 '도'라는 글자로 표현하고 '일一'로 상징합니다. 그런데 '일'은 스테인리스 젓가락처럼 생겼다기보다는, 새끼줄처럼 생겼습니다. 이제 《도덕경》 제39장을 읽으면서 그 뜻을 좀 더 깊이 이해해보도록 하겠습니다.

> 昔之得一者
>
> 옛날부터 하나를 얻어서 된 것들이 있다.

이 '하나'를 네 글자로 풀어 말하면 유무상생입니다. 즉 옛날부터 대립면의 긴장 위에 서 있는 것들이 있다는 말이죠. 옛날부터 이 세계가 그러했다는 뜻입니다.

天得一以淸
하늘은 하나를 얻어서 맑다.

하늘이 맑은 이유는 하늘이 '일'을 근거로 해서 존재하기 때문입니다. 다시 말하면, 유무상생의 구조 위에 있고, 대립면의 긴장 위에 서 있기 때문, 즉 '도'를 근거로 하기 때문이지요.

地得一以寧
땅은 하나를 얻어서 안정된다.

땅이 무너지지 않고 안정적인 이유도 '일'을 근거로 존재하기 때문입니다. 마찬가지로 '도'를 근거로 존재하기 때문입니다.

神得一以靈

신은 하나를 얻어서 영험하고

谷得一以盈

계곡은 하나를 얻어서 채워지며

萬物得一以生

만물은 하나를 얻어서 살고

侯王得一以爲天下正

통치자는 하나를 얻어서 천하를 올바르게 한다.

신이 영험하고, 계곡이 채워지고, 만물이 생명을 유지하며 잘사는 이유도 모두 다 이 '일'을 근거로 하기 때문입니다. 통치자가 통치를 잘하는 것도 사실은 '일', 즉 '도'를 근거로 통치하기 때문인데, 이는 바로 대립면의 공존을 감당한다는 뜻이죠. 이처럼 노자는 자연계의 존재나 운행은 말할 것도 없고, 사회를 운용하는 정치 영역까지도 모두 '대립면의 꼬임'이라는 원칙을 지키기 때문에 제대로 유지되는 것이라고 봅니다.

其致之

경계하는 의미로 그것을 좀 더 설명해보자.

天無已淸 將恐裂

하늘이 끊임없이 청명하려고만 하면 장차 무너져내릴 것이고

地無已寧 將恐發

땅이 끊임없이 안정을 유지하려고만 하면 장차 쪼개질 것이며

神無已靈 將恐歇

신이 끊임없이 영험하려고만 하면 장차 사라지게 될 것이고

谷無已盈 將恐竭

계곡이 끊임없이 꽉 채우려고만 들면 장차 말라버릴 것이며

萬物無已生將恐滅

만물이 끊임없이 살려고만 하면 장차 소멸하게 될 것이고

侯王無已貴以高 將恐蹶

통치자가 끊임없이 고귀하고 높게만 행세하려 들면

장차 실각하게 될 것이다.

앞에서 말한 바대로, 세계의 유지나 번창은 '일'이나 '도'로 상징되는 유무상생의 원칙, 즉 '대립면의 꼬임' 혹은 '대립면의 상호의존'이라는 원칙을 잘 지키는 것으로 보장됩니다. 그런데 만일 대립면 사이에서 오는 불안을 감당하지 못하고 어느 한쪽을 선택하여 그쪽으로만 치달으려고 하면 파국을 맞이할 수밖에 없는 것이죠.

하늘이 청명함을 유지할 수 있는 이유는 유무상생의 원칙을 지키기 때문인데, 만일 청명함이 좋다고 하여 계속 청명한 상태로만 있어야 한다고 고집하면 하늘은 결국 무너지고 말지요. 땅도 마찬가지입니다. 땅이 흔들리지 않고 안정적으로 계속 존재할 수 있는 이유는 유무상생의 원칙을 지키기 때문인데, 만일 안정이 좋다고 하여 계속 안정된 상태로만 있어야 한다고 고집하면 땅은 결국 쪼개져 버리죠. 청명한 하늘은 오히려 탁한 하늘과의 공존 속에서만 청명함을 길게 유지할 수 있습니다. 땅이 튼튼하게 버텨주는 것도 물렁물렁한 상태와 공존하기 때문에 가능한 일이지요.

이런 일은 정치에도 그대로 적용됩니다. 통치자의 위치가 높고 고귀한 것만은 사실입니다. 그런데 그 높음과 고귀함이라는 것도 반드시 상대적으로 훨씬 용속하고 낮은 위치에 있는 백성들과 공존하거나 튼튼한 상호의존관계를 이룰 때만 잘 유지될 수 있지요. 만일 통치자가 자신의 위치에 도취되어서 계속 높고 고귀하게만 나아가려고 한다면 그 통치자는 낮은 위치에 처하는 백성들의 지지를 상실하고 맙니다. 다시 말하면 상호 의존적 관계가 파손되어 결국 실각하는 것이죠.

故貴以賤爲本
그러므로 고귀함은 비천함을 뿌리로 하고

高以下爲基

높음은 낮음을 기초로 한다.

是以侯王自謂孤寡不穀

이 때문에 통치자는 스스로를 고, 과 그리고
불곡 등으로 낮춰 부르는 것이다.

그래서 과거의 통치자는 스스로를 고인孤人(부모가 없는 사람), 과인寡
人(남편이 없는 사람), 불곡不穀(곡식을 번창하게 하지 못할 사람), 짐朕(조그맣게 갈
라진 틈 혹은 그림자와 같은 사소한 사람) 등으로 칭했습니다. '아무것도 아닌
사람'이라고 했습니다. 스스로 낮게 부르는 겁니다. 이로써 현재 가
진 고귀함이 낮은 것, 천한 것을 기초로 이뤄졌음을 끊임없이 자각하
고자 하는 의미입니다. 현재의 고귀함이 낮은 것과의 꼬임으로 되어
있음을 한순간도 잊지 않으려 한 것이죠.

노자는 통치자를 향해, 통치를 잘하고 싶다면 이 세계가 대립면의
긴장으로 서 있다는 점, 반대되는 것들의 조합으로 이루어져 있다는
점을 철저히 자각하라고 주문합니다. 그 철저한 인식만이 통치자의
고귀함을 유지해줄 것이라고 강조합니다.

此非以賤爲本邪 非乎

이것이 비천함을 근본으로 하는 것이 아니겠는가? 정말 그렇지 않은가?

故致數譽無譽

그러므로 몇 가지 명예를 지키려 하다가는 명예 자체가 없어져 버린다.

不欲琭琭如玉 珞珞如石

옥처럼 고귀해지려고 하지 말고 돌처럼 소박하라.

도가사상에는 '광이불요光而不耀'와 '화광동진和光同塵'과 같은 표현들도 있습니다. '광이불요'란 '빛을 발하지만 눈을 부시게 하지는 않음'을 의미합니다. 외부의 것들을 제압할 정도로 자신을 드러내지 않으려는 절제와 그 절제가 빚어내는 탄성을 느끼게 할 수 있는 말이지요. '화광동진'은 '자기 빛을 다른 흙먼지들과 함께 펼쳐 같은 수준으로 만들어 버림'을 의미합니다. 빛이 난다 함은 하나의 방향으로 무엇인가가 드러나는 겁니다. 대립면의 긴장을 품은 사람은 하나의 빛으로 드러나지 않습니다. 구슬처럼 빛나지 않습니다. 그 대신 돌처럼 소박하지요.

여기서 노자가 "돌처럼 소박하라"고 이른 것은 길거리에 아무렇게나 내동댕이쳐진 돌멩이처럼 사소하게 지내라는 뜻이 아닙니다. 빛나되 눈부시지 않고[光而不耀], 빛나되 그 빛이 다른 하찮은 먼지들과 조화를 이뤄 같아진다[和光同塵]는 겁니다.

사랑과 이별은
하나다

지금 읽은 제39장에서 우리는 이 세계가 대립면의 긴장 혹은 대립면의 조합으로 이루어져 있다는 주장을 보았습니다.

　노자에 따르면 하늘이 저 높은 곳에서 저렇게 푸른 이유는 대립면의 긴장을 유지하기 때문입니다. 땅이 이렇게 집을 짓고 긴 시간을 편하게 살 수 있을 정도로 튼튼한 것도 대립면의 긴장을 유지하기 때문이지요. 그런데 노자는 땅이 계속 튼튼하려고만 하면 결국 쪼개져 버릴 것이요, 하늘이 맑아지려고만 하면 장차 무너져내릴 것이라고 경고합니다. 이 대립면의 긴장을 마음에 품은 사람은 옥처럼 빛나지 않고 돌처럼 소박하다고 이릅니다. 그래서 노자는 《도덕경》 제3장에서 또 이런 말도 해요.

使夫智者不敢爲也
저 지혜롭다고 하는 자들로 하여금
감히 무엇을 하려고 하지 못하게 한다.

똑똑하다고 자처하거나 똑똑하다고 여겨지는 사람들이 과감하게 행동하지 못할 그런 시스템을 만들라는 뜻입니다.

흔히 우리는 '지행합일知行合一'이라 해서 '알면 바로 행하는 것'을 높이 평가합니다. 그런데 또 동서고금을 막론하고 통용되는 다른 말도 있어요. "무식하면 용감하다"는 말입니다. 자기 의견이 분명한 사람일수록 지적인 토대가 얕아요. 자기 의견이 과감한 사람일수록 지적인 넓이가 좁아요. 경계를 품은 사람은 과감하지 않습니다. 함부로 진리임을 확신하지 않습니다. 어느 시대건, 어느 나라건 무식한 사람은 용감합니다.

여기서 '무식하다' 함은 대립면을 함께 생각하지 못한다는 의미입니다. 우리가 사랑을 한다고 가정해보지요. 보통 사랑이라 하면 서로 좋은 감정을 가지고 서로를 위하는 상태를 말합니다. 그런데 사실 사랑은 이별까지 포함하고 있어요. 이별과 사랑이 한 세트인 겁니다.

어린 시절 집에서 개를 기른 적이 있습니다. 어린 마음에 개가 어찌나 귀여운지 늘 품에 안고 살다시피했지요. 그럼 어머니는 항상 "너무 예뻐하지 마라. 손 타서 죽는다"며 지나치게 만지는 것을 말리셨어요.

대부분의 사랑은 사랑하지 않아서 깨지는 게 아니라 너무 사랑해서 깨지기도 합니다. 너무 사랑해서 하루에 전화를 수십 통씩 해야 하고, 문자는 바로바로 답이 와야 하고, 모든 것을 서로 공유해야 하고, 무엇을 하는지 하고 싶은지 서로 다 알아야 하고, 일거수일투족을 감시하듯 캐묻다가 결국 사랑에 금이 가게 되지요. 어떤 동작이든 대립면의 긴장을 유지하지 않으면 깨지고 맙니다.

잠깐 '지식知識'이라는 글자를 풀이해볼까요. '지'는 보통 지혜라고 풉니다. 일반적인 지식보다 좀 더 높은 깨달음이 있는 앎을 뜻하지요. 그런데 고대에는 이 글자가 그리 많이 쓰이지 않았습니다.《이아爾雅》라는 일종의 고대 한자사전이 있는데 그 책에서는 '지'를 단혈지인丹穴之人, 즉 '구멍이 있는 사람'이라 풀이해 놨어요. 구멍으로 세상을 보는 사람, 요즘 말로 하면 전문가입니다. 또 질서정연하고 조리가 잘 갖춰진 상태라고도 풀이해 놨습니다.

그런데 노자는 이 '지적인 단계'에 있는 사람들이 과감하게 행동하지 못하게 막으라고 해요. 왜 그랬을까요? 노자가 볼 때 '지'라는 것은 제한적인 앎이고 구분해서 아는 앎이라서 그렇습니다. 자기가 가지고 있으면서 철저하게 믿는 작은 대롱 구멍으로 세상을 보는 일이라 그렇습니다.

구분해서 아는 '지'에 대해 노자는 이렇게 말해요. 제33장을 봅시다.

知人者智 自知者明
타인을 아는 자는 지혜로울 뿐이지만, 자신을 아는 자라야 명철하다.

타인을 안다 할 때는 자신의 내적인 상태가 개입하겠습니까, 아니면 개념이나 관념이 작동하겠습니까? 타인을 이해할 때는 대개 개념이 작동합니다. 그런데 자기에 대해서 안다는 것은 어떨까요. 자기는 구체적인 느낌이 있는 존재입니다. '유무상생'을 구체적으로 느낄 수 있어요. 그러니 앎이 자기에게서 시작되는 것, 즉 자기에 대한 앎은 항상 실제적인 앎입니다.

반면 타인에 대해서 아는 것은 관념·이념·가치관을 가지고 아는 것이에요. 대상적인 앎이지요. 쉽게 말해 다른 사람을 아는 것은 분리된 상태에서의 인식을 피할 수 없고, 자신에 대해서 아는 앎이라야 자기 내면에서 주·객관의 분열이 통합되는 것이지요. 노자는 이것을 바로 '명'이라고 하는 것입니다.

도가에서는 일반적으로 '지'를 부정합니다. 대신에 '명'의 단계로 나아가야 한다고 말하지요. 앞에서 이야기했듯 '명'은 해[日]와 달[月]이 합쳐진 모양으로 되어 있어요. 이런 해석에 대해서 어떤 사람은 갑골문은 이렇지 않고 창문에 달빛이 비추는 모습으로 되어 있다 하기도 합니다. 갑골문에 이렇게 해석할 소지가 있기도 하지만, 훨씬 많게는 해와 달의 합체로 되어 있습니다. '명明' 자를 창문에 비추는 달빛으로 해석할 수 있는 글자체는 소전小篆체에서야 비로소 또 빈번하게 나타납니다. 해를 해로만 또는 달을 달로만 아는 것은 '지'입니다. 해와 달을 한 세트로 아는 것이 '명'이에요. 이별과 사랑을 분리된 다른 두 사건으로 아는 것이 아니라, 사랑과 이별을 하나의 세트 혹은 하나의 사건으로 아는 것이 바로 '명'이에요.

사랑과 이별이 한 세트임을 개념으로 만들 수 있습니까? 불가능합니다. 이것이 개념의 한계입니다. 개념으로 만든 모든 것은 단일한 의미 속에 갇혀 있습니다. 하지만 이 세계는 한 가지 의미로 되어 있지 않으며 항상 대립면이 공존합니다. 즉 개념화하는 게 여간 불편한 게 아니에요.

'지'를 좀 더 자세히 살펴보겠습니다. 《논어》〈안연〉에 보면 번지樊遲라는 제자가 공자에게 이렇게 묻습니다.

"인仁이란 무엇입니까?"

공자가 답합니다.

"사람을 사랑하는 것이다[愛人]."

번지가 이어 묻습니다.

"그러면 지知라는 것은 무엇입니까?"

공자가 답합니다.

"사람을 아는 것이다[知人]."

공자는 누구에게나 보편적인 행위 원칙, 즉 보편적인 이념을 기준으로 살 것을 요구합니다. 그 보편적인 행위 원칙을 '예'라고 하지요. 예에 맞는 행위를 반복적으로 행함으로써 인간이 바람직한 인간으로 계속 성숙해간다는 거예요.

예에는 반복 훈련이 매우 중요합니다. 바로 '습習'이지요. 그런데 반복 훈련을 하기 위해서는 먼저 저 사람이 누구인지 내가 누구인지를 제대로 알아야 합니다. 저 사람과 내가 무엇으로 구분되는지를 알아야 한다는 뜻이에요. 나와 상대방이 위치하고 있는 좌표를 먼저 알아야 된다는 것이죠. 그 구분의 정도가 어떤지를 알아야 한다는 말이에요. 그 구분을 표시하도록 정해진 것들이 바로 개념[名]이고 말[言]입니다. 이렇게 각자가 위치하고 있는 좌표를 인식하고 적절하게 하는 행동이 바로 '예'에 맞는 행위가 됩니다.

저 사람이 삼촌이면 삼촌으로 대하고, 사촌이면 사촌으로 대하는 것이에요. 군수면 군수로 대하고, 노비면 노비로 대해야죠. 이렇게 좌표에 맞는 적절한 행위를 반복해서 하다 보면, 그 과정을 통해서 계속 바람직한 인간으로 성숙해간다는 것입니다.

이렇게 《논어》에 나오는 '지'는 '구분된 앎'입니다. 유가에서는 기본적으로 구분을 긍정한다고 하지 않았습니까. 촌수를 구분해야 하고 직책을 구분해야 합니다. 그 구분된 상태에서 자기가 처한 위치가 바로 살아가는 좌표가 됩니다. 그 좌표에 맞는 행동을 하는 것이 바로 예를 지키는 것이고, 그렇게 하면서 인간이 계속 성숙해간다는 게 유가의 믿음입니다.

그런데 노자는 그런 구분된 앎으로는 보편적인 것으로 합의된 이념을 기준으로 설정하는 일을 피할 수 없게 된다고 지적했습니다. 설령 보편적인 것으로 합의되었다고 하더라도, 그것이 하나의 이념이 되어 기준으로 행사되는 한, 대립면의 긴장으로 되어 있는 이 세계와는 어울리지 않으니 구분, 배제, 억압의 폭력성을 피할 수 없게 됩니다. 세계가 대립면의 긴장으로 되어 있으니 인간도 그것을 모방하여 대립면의 긴장으로 되어 있는 마음 상태를 유지해야 하지요. 이것이 세계와 순조로운 관계를 형성하는 기초라고 노자는 강조했어요.

확신하지
않는 힘

《도덕경》에는 "봄날 얼음이 풀리듯이 하라"는 구절이 있습니다. 봄날 얼음이 풀리는 광경을 본 적 있나요? 얼음이 풀리는 그 경계 지점은 물이라고 할 수도 없고 얼음이라고 할 수도 없는 아주 모호한 상태이지요. 경계가 모호한 것을 분명하게 하려 들지 말라는 것은 경계가 모호한 것 그 자체가 세계의 실상이기 때문입니다. 분명함은 구분 이후의 명료한 상태를 말하지요. 그런데 세계는 경계가 계속 중첩되는 모호한 상황의 연속일 뿐입니다. 그러니 이 모호함을 분명함이나 명료함으로 개선하려는 순간 세계의 실상과는 멀어지게 됩니다. 이 모호함은 명료하게 만들어야 할 것이 아니라 오히려 품어버려야 할 것이지요.

　도교에서는 '현玄' 자와 '명冥' 자를 세계의 실상이나 아주 높은 정신적 경지를 표현하는 데 사용합니다. 두 글자 모두 경계가 분명하게 드러나지 않은 가물가물하거나 어둑어둑한 상태를 묘사합니다. 분명한 구분이 없이 대립면들의 관계로 되어 있는 세계의 실상과 그 실상을 내면화한 정신적 경지를 표현합니다. 그래서 세계의 진실을 바로 볼 수 있는 시각은 반드시 봄날 얼음이 풀리듯 하는 그런 상태로 정신을 유지해야 얻을 수 있습니다.

이와 관련해서 《도덕경》에는 "손님처럼 행동하라"는 구절도 나옵니다. 그 이유는 또 무엇일까요? 본질주의적 세계관에 따르면 존재는 그 본질을 자신의 존재근거로 하여 존재하기 때문에 자신은 그 본질과 일체가 됩니다. 본질을 토대로 하는 각자가 각자의 주인 자리를 차지하는 것이지요. 자기가 자기의 주인입니다. 그런데 대립면의 꼬임으로 되어 있다는 노자의 세계관에서는 어느 것도 스스로를 스스로의 주인이라고 할 수가 없지요. 나라고 할 만한 것이 없는 것입니다. 대립면이 상호의존하며 꼬여 있으니 각자는 상대편을 향해 열려 있어야 하고 상대편에 의존해서만 존재할 수 있게 됩니다. 둘 다 서로에게 손님으로 존재할 뿐입니다. 새끼줄의 이쪽 가닥은 저쪽 가닥의 손님으로 존재하며 저쪽 가닥에 의해 초대되어 함께 꼬이게 됩니다. 유는 무에게 손님이고, 무는 유에게 손님이지요. 두 손님이 서로 의존하며 꼬여 하나의 새끼줄을 형성할 뿐입니다. '유무상생'의 의미가 바로 그런 것입니다.

제 키를 만년필과 비교한다면 제 키는 큰 키가 됩니다. 제가 농구선수 마이클 조던 옆에 서 있다고 합시다. 제 키는 작아지지요. 만년필 덕분에 제 키는 큰 키가 되고, 마이클 조던 탓에 제 키는 작은 키로 드러납니다. 만년필이 작은 것으로 보이고, 마이클 조던이 키 큰 사람으로 드러나는 것도 모두 저와의 관계에 의해서 그렇게 되는 것입니다. 서로 손님으로 초대되어야만 커지기도 하고 작아지기도 합니다. 주인 자리를 차지하고 있는 '크기'는 없습니다. 손님으로 참여하여 드러날 뿐입니다. 이 세계가 모두 그렇습니다.

이런 대립면의 긴장 상태를 마음에 품고 있는 사람은 과감하지 않으며 광신狂信하지 않아요. 광신은 대개 협소한 믿음에서 옵니다. 앞서 말한 "저 똑똑하다고 자처하는 자들로 하여금 과감하게 무엇을 하려고 하지 못하게 한다[使夫智者不敢爲也]"는 말은 사람을 광신하게 하지 말라는 의미입니다. 광신하는 사람은 대개 헛똑똑이라는 말입니다. 충혈된 눈으로 과감하게 말하는 사람, 굵은 팔뚝을 휘저으며 주장하는 사람, 깃발을 들고 소리치는 사람, 머리띠를 하고 내달리는 사람, 서둘러 충고하려 덤비는 사람이 대개 헛똑똑이라는 것입니다. 헛똑똑이들이 판치는 세상은 거칠고 갈등이 심하며 선명성 경쟁이 하늘을 찌르게 됩니다. 세계가 대립면의 긴장으로 되어 있다는 것을 아는 사람은, 다시 말해 대립면의 경계에 설 수 있는 사람은 진중해질 수밖에 없습니다.

정호승이라는 시인을 아시죠? 그의 〈거미줄〉이라는 시에도 이것이 잘 나타나 있습니다. 두 번째 연에 "산 입에 거미줄을 쳐도 거미줄이 가장 아름다울 때는/ 진실은 알지만 기다리고 있을 때다./ 진실에도 기다림이 필요하다고/ 진실은 기다림을 필요로 한다고/ 조용히 조용히 말하고 있을 때다"라고 되어 있습니다.

어떤 것이 진실이라고 확신할 때, 그 진실이 아직은 진실이 아닐 수도 있다는 반대편의 힘과 함께 작동하지 않으면 그 확신은 '광신'이기 쉽습니다. 대립면의 긴장이 주는 탄성을 잃은 모든 일은 광신이기 쉽습니다. 자기가 진실이라 믿는 어떤 것이 진실이 아닐 수도 있다고 견제하는 내공을 발휘해 긴장을 유지할 때, 오히려 폭발력이 터져나옵니다. 이것이야말로 진정한 진실의 힘입니다. '확신하지 않는 힘'이 바로 내공입니다. 내공은 대립면의 긴장을 품고 있을 때 나옵니다. 왜 똑똑하다고 자처하는 자들로 하여금 과감하게 무엇을 하지 못하도록 하는지를 짐작할 수 있습니다. 대립면과의 긴장을 포기한 진실은 진실이 아니라 광신이거나 한쪽으로 치우친 믿음일 때가 많기 때문입니다.

자기표현이 안 되는
공부는 끊어라

노자는 '다언삭궁多言數窮'이라고도 합니다. 말이 많으면 쉽게 궁색해진다는 뜻이지요. 그래서 불여수중不如守中, 즉 '중中'을 지키는 것만 못하다고 했어요. 여기서 말이란 개념입니다. 중이란 유무상생의 중간, 대립면의 긴장을 자아내는 그 경계의 칼날입니다. 개념화된 지식이 겹겹이 쌓이고 무거워질수록 쉽게 한계에 부딪힌다는 뜻이지요.

창의적인 일에 오랜 시간 투신한 친구와 만나 대포 한잔 한 적이 있습니다. 요즘 새롭고 창의적인 아이디어가 떠오르지 않아서 고민이라는 말도 하더군요. 이런저런 한담이 오가다가 또 요즘 배우는 재미에 빠졌다고 합니다. 물론 이 친구의 내공으로는 배우는 일로 잠깐 숨고르기 하는 것임을 제가 모를 리가 없지요. 그런데 제가 좀 자극적으로 반응했습니다. "넌 앞으로도 창의적이기 어려울 것 같다. 배우는 일이 아름다운 일이기는 하지만, 배우다가 보통은 자기 길을 잃어버린다. 지금 너처럼 좋은 경력을 가진 사람이 아직도 배우는 일이 재밌어진다면 어쩌란 말이냐?"

저의 이런 반응에 의문을 품는 분들이 많을 겁니다. "배우는 건 좋은 일 아닙니까? 평생 배움의 고삐를 늦춰선 안 되겠지요?" 하면서요. 그런데 저는 좀 다른 생각을 가지고 있습니다. 어느 단계에서는 배움의 고삐를 늦춰야 할 때도 있지 않겠어요? 배움이 습관이 되어버리면 평생을 배우다 세월을 다 보내버립니다. 다른 사람의 생각만 배우다가 생을 마감하기도 합니다. 보통은 이러지 않나요? 우리가 배우는 목적이 뭡니까? 결국 언젠가는 자신을 표현하기 위해서 배우는 것이 아닙니까? 인생에서 자신을 표현한다는 것은 선택의 문제가 아닙니다. 이것은 존재론적으로 당위의 문제에 해당됩니다. 배움은 수단이고, 자신을 표현하는 것이 목적인 것이죠. 삶은 자기표현의 과정이어야 합니다. 수동적으로 배우는 것이 습관이 되다 보면 이 표현능력이 거세되기 쉽습니다.

그러니 무언가를 배울 때는 항상 머릿속에 '내가 배우는 목적은 나를 표현하기 위해서다'라는 생각을 담고 있어야 합니다. 남의 말만 듣고, 남의 말만 쫓아다니며, 남의 글만 들이파는 일로 평생을 바친다면 이는 복종적으로 혹은 굴종적으로 사는 것밖에 안 됩니다. 자기표현이 부족한 것은 많이 배우지 않아서가 아니라, 자기를 표현하려는 욕망이나 배짱이 작아서일 가능성이 큽니다.

학생들이 죽어라고 배우는 모습을 두고 우리는 "공부를 열심히 한다"고 표현합니다. 그런데 공부를 열심히 하면 할수록 자기를 표현하려는 내적 배짱은 점점 줄어들 공산이 큽니다. 자기를 표현하려는 내적 충동이 점점 거세되어 버려요. 공부하는 내용으로 자신이 채워져서 그것이 주도권을 가져버리면 표면적으로는 똑똑한 사람으로 보일 수도 있지만, 실상은 바보일 가능성이 큽니다. 우리나라 학생들이 대답은 잘하면서도, 질문은 잘하지 못하는 현상이 이와 어느 정도 연관이 있을 것입니다.

어느 순간이 되면 자기 자신에게서 차지하는 배움의 비중이 줄어야 합니다. 배움을 끊어버려야 합니다. 대신 자기를 표현하려는 용트림을 해야 해요. 세계 어느 민족이 젊은 학생들을 붙들고 "공부 열심히 하라"고 그토록 다그쳐댑니까. 공부에 몰두하다가, 즉 다른 사람의 생각을 따라 배우다가 잘못하면 죽을 때까지 잃지 말아야 할 야수 같은 눈빛이 사라져버릴 수도 있습니다. 남에게 들은 말이 많아지면 많아질수록, 그것을 진리로 받아들이면 받아들일수록 자기 눈에서는 원초적인 힘찬 눈빛이 사라집니다. 자신의 주인 자리를 자기가 차지하고 있지 못하고, 배운 내용들이 대신 차지해버릴 때 이런 형형한 눈빛이 사라지는 일이 나타납니다.

공부는 내가 나를 표현하기 위한 수단, 내가 행복한 삶을 누리기 위한 수단임을 잊지 말아야 해요. 이 기본적인 자세를 노자는 '자율自律'이라 했습니다. 자율이란 내가 나를 조율하는 겁니다.

대립면의 긴장을 받아들이면 이념과 신념으로부터 벗어날 수 있고, 그때 드러난 자율적 주체는 무엇을 배우더라도 그것을 자기표현의 수단으로 생각하며 긴장을 잃지 않습니다. '내가 태어날 때 짐승으로 태어났듯 죽을 때도 짐승의 눈빛으로 죽으리라, 야수의 눈빛을 한순간도 잃지 않으리라' 하는 예리한 긴장감을 언제나 유지하기 바랍니다.

問 1

인생은 선택의 연속인데, 하나를 선택하는 순간 모든 것이 끝난다는 말을 어떻게 이해해야 할지 모르겠습니다. 경계에 대한 두려움이나 모호함을 있는 그대로 받아들이고 극복하고 견뎌내야 한다고 말씀하셨는데, 선택을 해야 하는 상황에 어떻게 대처해야 하는지 궁금합니다.

答

경계에 서는 행위와 선택하는 행위를 놓고 보면 서로 굉장히 다른 차원인 듯 보이지요. 또 경계에 서 있어야 한다면 어느 순간에 선택해야 할지 논리적으로 파고드는 일은 무척 어렵습니다. 하지만 그것이 실제 삶 속에서 이뤄질 때는 생각만큼 그렇게 어려운 일이 아닌 것 같습니다.

이렇게 말씀드리고 싶군요. 경계에 서는 입장을 견지한 상태라면 어떤 선택을 하든 그 선택이 항상 더 나으리라고 말입니다. 사실 우리가 살면서 늘 선택을 하게 되잖아요. 그런데 경계에 선 상태, 긴장을 유지하는 상태에서 행한 선택은 훨씬 더 정확할 것이라고 저는 생각합니다. 보통 어떤 사람이 경솔한 선택을 할 때, 그 원인을 살펴보면 하나의 관점이나 시각에 사로잡혀 있는 경우가 많습니다.

다시 말해 대립되는 면이나 다양한 차원을 항상 포착하고 살피려는 태도를 잃지 않을 때 비교적 올바른 선택이 가능하다는 것이지요.

물론 이것이 명쾌한 답변으로 들리지 않을 수도 있습니다. 비록 경계에 서 있는 상태에서 명료한 선택이 이루어지는 과정이 논리적으로 해명되기 어려울지라도, 구체적인 삶 속에서는 틀림없이 명쾌하게 구현되고 있다는 점을 강조하고 싶습니다. 경계에 선다는 것은 어정쩡한 상태에 있는 것이 아니라, 자신을 지배하는 철 지난 신념이나 가치관을 벗어던지고, 오직 자신만의 통찰력으로 무장해 있는 상태이기 때문입니다.

問 2

'빛나되 눈부시지 않다'는 것은 이해가 되는데 '솔직하되 멋대로 하지 않는다'는 이해하기 어렵습니다.

答

솔직하면 대개 가벼워지지요. 회사에서 상사가 부하직원들에게 같이 식사하자고 제안했다고 합시다. 그런데 어떤 부하직원이 거기에 대고 곧바로 자기는 그러고 싶지 않다고 대답하는 겁니다. 굉장히 솔직하지요? 그런데 그 행동은 멋대로 하는 겁니다.

스승이나 상사의 말에 바로 자기 뜻을 이야기하는 것이 솔직하긴 하지만 분명 성숙한 행동이 아닌 경우도 많습니다. 주변의 분위기를 고려하지 않은 솔직함 혹은 뒤끝 없음은 종종 유치함을 미화시킨 표현일 때도 있습니다. 솔직하면서 성숙한 모습을 함께 보이기가 쉽지 않아요. 영리하면서 중후하기 어려운 것처럼요.

영리한 게 뭡니까. 예리한 것이지요. 그런데 예리한데 솔직하기까지 하면 상대에게 이런 말을 많이 합니다. "너 생각해서 하는 말인데⋯."

그런데 그게 상대를 위하는 게 아닌 경우가 많아요. 예리하지만 찌르지 않는다는 것은 어떤 것을 보고 모른 체하는 게 아니라 기다려주는 겁니다. 자연스럽게 얘기가 나올 시기를 본다거나, 상대가 자연스럽게 깨닫기를 기다려주는 거예요.

도가에서는 예리함 자체를 부정적으로 봅니다. 예리함은 항상 시선이 한곳으로 고정될 때 나오거든요. 대개 가치관이 바른 사람들, 삶의 태도가 바른 사람들이 예리하고 솔직합니다. 그런데 상대에게 상처를 줄 수 있다는 것, 스스로 가볍다는 것을 깨닫지 못하거든요.

반면 하나의 의미에 갇히지 않고 대립면을 살피며 경계에 있는 사람들은 신중합니다. 어떤 '다름'을 가지고 사람을 평가하지 않아요. 자기가 옳다는 확신을 가진 사람이 편을 가르지 않기란 굉장히 어렵습니다.

그러니 성인은 방정하되 옳고 그름을 가르지 않고, 예리하되 찌르지 않고, 솔직하되 함부로 하지 않고, 빛나되 눈부시지 않다[光而不耀]는 겁니다. 대개 빛나고 눈부시길 원하지만 빛나고 눈부시면 오래가지 못하거든요.

8강

—

무위, 변화하는 세상을 살아가는 지혜

살아 있는 나무만이
흔들린다

노자는 산 것은 부드럽고 죽은 것은 뻣뻣하다고 말합니다. 태풍이 거세게 불어 모든 나무가 서 있기도 힘든 듯 흔들릴 때, 흔들림 없이 굳건히 서 있는 나무 한 그루가 보입니다. 그 나무는 분명히 죽은 나무일 것입니다. 살아 있는 나무는 바람에 흔들립니다. 하지만 죽은 나무는 흔들리지 않습니다. 살아 있어야 흔들리고, 살아 있는 것이어야 부드럽습니다.

　노자가 볼 때 마음속에 하나의 기준을 갖는 것, 전체 사회가 하나의 이념으로 묶이는 것은 '뻣뻣해지는' 일이었습니다. 이념을 가지면 뻣뻣해지지요.

　성공한 사람의 가장 큰 적은 역설적이게도 '성공 기억'이라고 하는 말을 들은 적이 있습니다. 성공했던 기억이 자기를 뻣뻣하게 만들기 때문입니다. 성공할 때 그 사람은 부드러웠어요. 환경에 맞게 잘 적응했어요. 그런데 일단 성공을 하고 나면 그 강렬한 기억에 스스로 갇히게 됩니다. 갇히는 순간 유연한 적응력을 잃은 채, 강하게 남아 있는 그 성공 기억을 가지고 새롭게 다가오는 환경마저도 그 기억으로 해석하고 그 기억으로 반응하려 하지요. 다른 환경에는 다른 방식을 써야 하는데, 옛날 성공 기억으로만 반응한다면 새로운 상황에 맞는 성공을 다시 거두기 힘들어집니다. 개념으로 구축된 구조 속에 그냥 머물러버리기 때문입니다. 살아 있는 인간으로 유연한 상태를 유지하려면 개념에 갇히면 안 되고, 개념에서 벗어나거나 개념의 구축물을 지배해야 합니다.

앞에서 어느 단계에 이르면 공부를 끊어야 한다고 다소 과격하게 이야기했습니다. 왜냐하면 '배움'이란 이미 있는 것을 습득하는 것이기 때문입니다. '이미 있는 것'은 모두 개념의 구조물이에요. 지식화되어 있지요. 이 구조물을 내면적 힘 없이 그대로 수용할 경우 금세 뻣뻣해지고 맙니다. 공부를 많이 했어도 유연함이 없이 매우 건조하거나 고집스럽기만 한 지식인들이 의외로 많습니다.

주자라는 철학자가 공자의 사상을 '극기복례'라는 한마디로 개괄했다고 앞에서 말한 적이 있습니다. 즉 개별자로 활동하는 내가 집단화된 공통의 가치관으로 들어가야 한다는 겁니다. 자신을 보편적 이념과 일치시켜야 한다는 겁니다. 유가사상의 구도를 다른 말로 풀자면, '여기 있는 내가 이상적인 곳으로 설정된 저기로 부단하게 전진해가는 엄숙한 노정'입니다. '내'가 '우리'로 바뀌는 과정이고, 개별성이 집단성으로 변하는 과정이고, 개별성이 보편성을 확보하는 과정입니다. 바로 이 점이 노자의 눈에 거슬렸던 겁니다. 노자는 어떻게 이를 표현하고 어떻게 자기 방식대로 해결해내는지 《도덕경》 제12장을 읽으며 한번 살펴보지요.

五色令人目盲
다섯 가지로 구분된 색깔은 사람의 눈을 멀게 한다.

유가는 구분을 긍정하지요. 본질을 기반으로 세계를 설명하려는 세계관에서는 대체로 구분을 긍정합니다. 본질을 "어떤 것을 다른 것이 아니라 바로 그것이게 하는 성질"이라고 정의할 때, 거기에는 반드시 동일성과 배타성이 함축되어 있습니다.

이 세계에는 무한대의 색깔이 존재합니다. 그런데 일반적으로 우리가 색을 표현하고 수용할 때 청·황·적·백·흑의 다섯 가지 기준색을 주축으로 합니다. 무한대로 펼쳐진 색깔 가운데 다섯 개만 고르고 그 다섯 개들의 조합으로만 전체의 색깔을 표현하는 것입니다. 그렇다면 무한대의 색깔 가운데 다섯 개만 골라서 쓰는 격이니 결국 봉사나 다를 바가 없지 않겠습니까?

五音令人耳聾
다섯 가지 구분된 소리는 사람의 귀를 먹게 한다.

세상에는 소리의 종류 또한 무한합니다. 그런데 '궁상각치우宮商
角徵羽'라는 다섯 가지 소리를 기본 소리로 정했어요. 그리고 이 다섯
가지 소리들의 관계만으로 음악을 표현합니다. 그렇다면 귀머거리
와 무엇이 다르겠습니까?

五味令人口爽
다섯 가지 구분된 맛은 사람의 입맛을 잃게 한다.

이 세상엔 맛도 끝없이 많지요. 그런데 맵고 짜고 쓰고 달고 신 다
섯 가지 맛을 정한 후 그 안에서만 맛을 느끼라 하면 무한대의 맛 종
류와 비교했을 때, 맛을 잃어버린 것과 다름없지 않겠습니까?

馳騁畋獵令人心發狂

말을 달리며 즐기는 사냥이 사람의 마음을 미치게 한다.

사냥은 기본적으로 목표물을 쫓는 행위입니다. 여러분은 지금까지 살면서 바람직한 일을 하면서 살았습니까, 아니면 바라는 일을 하면서 살았습니까? 해야 하는 일을 하면서 살았습니까, 아니면 하고 싶은 일을 하면서 살았습니까? 좋은 일을 하면서 살았습니까, 아니면 좋아하는 일을 하면서 살았습니까?

자기가 좋아하는 일이 따로 있는데 정해진 '좋은 것'을 해야 한다면 속된 말로 미칠 일이지요. 하고 싶은 일은 제쳐두고 해야 하는 일을 한다면 어떻겠습니까. 바라는 것과 바람직한 것 사이에서 빚어지는 엇박자 때문에 인생은 고달픕니다. 삶의 재미가 없어요. 큰 성취도 이루기 어렵습니다.

노자는 세상의 구분을 만들어내는 그 기준을 인위적 관념의 산물이라고 봤어요. 왜 그런 기준 아래 개별적 자아가 주눅 들고 고통 받아야 하는지 의아하게 여겼습니다. 노자는 바람직한 것을 모두 똑같이 수행하는 사회보다 '바람직한 것'을 없앤 후 각자 바라는 바를 다양하게 수행하는 사람들이 모인 사회가 더 강하다고 봤습니다. 해야 하는 일보다 하고 싶은 일을 하는 다양한 사람들로 이뤄진 나라가 더 부강하다고 봤어요. '바람직함, 해야 함, 좋음'은 바로 사냥꾼이 정해 놓고 내달리는 목표물과 같은 격이지요. 마치 사냥을 하듯이 이런 목표물을 향해서 내달리도록 구조화된 사회는 사람들의 마음을 미치는 지경으로까지 내몰 수 있다는 뜻입니다.

難得之貨令人行妨
얻기 어려운 재화가 사람의 행동을 어지럽힌다.

얻기 어려운 재화, 비싼 물건의 가치는 문화적 조건 속에서 결정됩니다. 그 사회의 문화 기준, 보편적 이념이 형성한 기준에 의해 비로소 귀한 것과 하찮은 것이 갈리지요.

지금 여러분의 눈앞에 주먹만 한 다이아몬드와 주먹만 한 고구마가 있다고 칩시다. 당연히 다이아몬드를 집겠지요? 그런데 여러분이 무인도에 장기간 표류되어 있다고 생각해보세요. 며칠 동안 굶어 눈앞에 별이 보일 지경이에요. 그때 주먹만 한 다이아몬드와 주먹만 한 고구마를 발견했습니다. 무엇을 집겠습니까? 물으나마나 고구마일 겁니다. 다이아몬드 가치와 고구마 가치는 이처럼 가변적입니다. 원래 정해져 있는 것이 아니라 어떤 조건에 따라 정해지는 거예요.

노자는 귀천이 분명히 정해진 사회는 기준이 분명한 사회고 이런 사회에서 인간의 행동은 항상 강압적인 상황으로 내몰릴 수밖에 없다고 말합니다.

是以聖人爲腹不爲目
이러하기 때문에 성인은 배를 위할망정 눈을 위하지 않는다.

이 문장은 선뜻 이해하기 어려울 겁니다. 먼저 눈부터 설명해봅시다. 우리는 영화나 드라마에서 간혹 한 쌍의 남녀가 키스하는 장면을 볼 수 있습니다. 그때 여성의 눈을 유심히 관찰한 적이 있으신지요? 키스에 대한 몰입 정도는 남자보다 여자가 훨씬 높고 또 진실한가 봅니다. 그래서 여자는 키스할 때 눈을 감지만, 남자는 감기도 하고 뜨기도 한다고 하네요. 여기서 이화은의 시 〈詩論, 입맞춤〉을 읽어보면 재미가 더 날 겁니다. 물론 정말 사랑하는 사람과 할 때겠죠.

그런데 여자도 키스할 때 눈을 뜨는 경우가 있습니다. 영화나 드라마에서는 눈을 뜬 채 키스하는 여인을 통해서 그녀가 상대방을 사랑하지 않는다는 사실을 간접적으로 드러내려 합니다. 그렇다면 여인들은 왜 사랑하는 사람과 키스를 할 때 눈을 감는 걸까요? 그것은 사랑하는 사람과 키스를 하면서 '당신과 나는 하나'라는 일체감을 느끼고자 하는 마음에서라고 합니다. 반대로 눈을 뜨고 하는 키스는 상대와 자신을 확실히 분리 또는 구분하고 있음을 스스로 확인하는 행위라고 해요. 여기서 '본다'는 것은 곧 구분하기 위한 행동입니다. 군중 속에서 누군가를 본다는 것은 다른 사람을 제외한다는 것입니다. 본다는 것은 우선 구분을 전제로 해야 가능한 일입니다. 그러니 눈은 '구분하는 일'을 하는 기관이고, 그래서 눈을 위하지 않는다는 겁니다. 즉 구분하는 행위를 달가워하지 않는다는 말이에요.

그렇다면 배를 위한다는 건 무엇일까요? 식사 때가 가까워지면 누구나 배가 고픕니다. 사회주의자도 자본주의자도 모두 다름없이 배가 고파집니다. 공산주의자도 배고프고 민주주의자도 배가 고파요. 좌파도 배고파지고 우파도 배고파집니다. 진보도 보수도 모두 다름없이 배가 고파집니다. 배에서 느끼는 배고픔은 그 어떤 이념과도 무관합니다. 구분이 없어요. 도가적 성인은 구분을 분명히 하는 일을 삼가는 대신 구분이 해소되는 단계로 진입한다는 게 이 문장의 속뜻입니다.

故去彼取此
그러므로 저것을 버리고 이것을 취한다.

이 대목이 중요합니다. 극기복례에서 '기'는 이것, '예'는 저것이라고 했지요. 공자의 극기복례를 노자의 표현을 빌려 말해보자면 '거차 취피去此取彼'가 될 겁니다. 노자는 반대로 주장하지요. 저것을 버리고 이것을 취하라.

공자가 주도권을 '저곳'에 두었다면, 노자는 '이곳'에 둡니다. 공자가 저쪽을 이상적인 곳으로 설정하고 그리로 가자고 주장했다면, 노자는 '이곳'에 집중하여 여기서 이상을 실현하자고 합니다.

코끼리가 살얼음 밟듯이
행동하라

이제《도덕경》제15장을 볼까요. 이 장은 제가《도덕경》에서 가장 좋아하는 장 가운데 하나이기도 합니다. 동시에 대단히 중요한 장이기도 하지요. 도는 이 세계가 어떻게 존재하는지를 알려주는 범주인데 노자는 그것을 자기 몸으로 실천해야 한다고 말합니다. 유무상생을 몸으로 실천하라는 것이지요. 유무상생을 몸으로 실천하는 것을 노자는 '무위'라고 했습니다. 무위의 개념은 이후 자세히 보도록 하고 일단 제15장을 살펴보겠습니다.

古之善爲道者 微妙玄通 深不可識
옛날에 도를 잘 실천하는 자는 미묘하고 현통하며

그 깊이를 알 수가 없다.

한국인들이 흔히 중국인을 상대할 때 가장 어려운 점으로 깊이를 알 수 없음을 들곤 합니다. 우리나라 사람들은 이를 두고 '중국인은 엉큼하고 음흉하다'며 비판하지요. 그런데 제 중국 친구들의 입을 통해 들어보면, 중국인들은 한국인들에게 어떤 인상을 가지고 있는지 아십니까? "깊이를 아주 잘 알 수 있다"고 해요. 달리 말하면 매우 직설적이고 솔직하다는 것이지요. 우리는 솔직하고 직설적인 것을 진실하다 생각하고 좋게 받아들입니다. 중국인들도 솔직하고 직설적인 것을 좋게 볼 때도 있지만, 항상 그렇지는 않은 것 같습니다. 오히려 너무 솔직하고 직설적인 것을 문명적이지 않다고 봐요. 즉 거칠고 세련되지 못한 태도로 보기도 합니다. 제 경험의 한계 상 한국인과 중국인의 차이를 이런 식으로 보편화시켜서 주장할 수는 없는 일이지만 말입니다.

다른 예로 한국 가정에서 손님을 초대해서 식사를 대접한다고 합시다. 한 상 가득 음식이 차려지지요. 그날 준비한 음식이 대개 한 상에 모두 올라갑니다. 그런데 중국 가정에서는 이렇지 않습니다. 밥상에 앉아도 그다음에 어떤 음식이 나올지, 또 몇 가지 음식이 나올지 예측할 수가 없어요. 음식의 주도권은 철저히 주인이 쥐고 있습니다. 손님이 주도권을 잡는 위치가 절대 못 돼요. 또 맛있는 음식을 보통 뒤에 줍니다. 손님으로서는 조절이 안 돼요. 판이 그렇게 짜여집니다. 그날 차린 음식이 한꺼번에 모두 보여지는 밥상과 뒤에 무엇이 나올지 가늠할 수 없게 준비된 밥상 사이에는 분명히 내재적인 차이가 있을 겁니다.

중국 정원에서도 비슷한 느낌을 받을 수 있습니다. 사천성에 가면 중국의 전형적인 정원을 볼 수 있습니다. 두보초당杜甫草堂이지요. 이곳 정원에 들어가면 이 모퉁이를 지나서 나올 '다음 풍경'을 도무지 예측할 수 없습니다. 한 모퉁이를 돌면 무엇이 있을지 가늠이 안 돼요. 한국식 정원은 어떻습니까. 경회루 같은 곳에 가보세요. 어디서부터 어디까지가 정원인지 한눈에 들어옵니다. 정원의 풍경이 감상자 앞에 전체적으로 모두 드러나지요. 저는 이런 점이 중국과 우리나라의 큰 차이가 아닐까 생각합니다. 물론 이런 간단한 예를 가지고 두 나라의 차이를 설명하는 것이 얼마나 무모하고 경솔한 일인지 잘 압니다. 그냥 마음 따라 생각나는 대로 재미로 이리 덧붙이게 되었을 뿐이니 너무 깊게 숙고하지 않길 바랍니다.

모순의 공존을 경험해온 사람은 결코 가볍지 않습니다. 모순의 경계선에 서서 그 두려움과 긴장을 견디는 사람, 양편을 다 잡고 있는 사람은 광신하지도 속단하지도 않아요. 광신과 속단은 지식의 양이 적고, 앎의 폭이 좁을수록 심합니다. 대립면의 꼬임이라는 '도'의 존재형식을 체득한 사람은 그 깊이가 쉽게 드러날 수 없겠지요.

夫唯不可識 故强爲之容

알 수 없기 때문에 억지로 그 모습을 다음과 같이 묘사할 뿐이다.

豫兮若冬涉川

조심조심하는구나! 마치 살얼음 낀 겨울 내를 건너는 듯이 한다.

여기서 '예豫'는 코끼리를 가리킵니다. 도를 체현하는 사람은 코끼리가 겨울에 개천을 건너듯이 신중하고 조심스럽다는 뜻입니다. 어떤 것의 본질을 설정하고 거기에서 진리를 확인한 사람은 그 진리에 매달려요. 그것을 노자는 사냥으로 형상화했습니다. 사냥은 목표물이 정해지면 거침없이 내달리는 행위잖아요. 그러니 어떤 확신이 서면 사람들은 거기에 확 몰려들게 됩니다.

그런데 대립면의 꼬임이라는 우주의 존재형식을 내면화한 사람은 대립면의 경계에 서 있어서 그 확신은 유예될 수밖에 없어요. 노자가 보기에 진리란 대립면의 꼬임으로서 현현하는 것이기 때문에 대립면끼리 상호 견제하는 구조를 이루잖아요. 그래서 과감할 수가 없는 겁니다. 계속 모순이 공존하는 사이에서 흔들리기 때문에 코끼리가 살얼음 낀 겨울 내를 걷듯 조심조심한 태도를 지닐 수밖에 없지요. 바로 유무상생을 실천하는 태도인 것입니다.《도덕경》제15장을 볼 때 어떤 문장을 읽든 항상 머릿속에 유무상생을 떠올리고 있어야 합니다.

나는 타인의
타인일 뿐

猶兮若畏四隣
신중하구나! 사방을 경계하는 듯이 한다.
儼兮其若客
진중하구나! 마치 손님과 같다.

우리 사회는 곳곳에서 '주인의식'을 몹시 강조하지요. 산업계에서는 노동자가 주인이 되어야 한다 하고, 학교에서는 교직원, 학생이 다들 학교의 주인이라고 해요. 그런데 학교 주인이 누구인지는 딱 잘라 말하기 어렵습니다. 학교는 교직원과 학생과 재단 사이에서 누가 주인인지 모르게 짜여 있거든요. 주인 의식을 갖고 자기가 맡은 일에 헌신하고 몰두하는 것이 매우 좋은 일이기는 하지만, 모두 주인으로서의 권리만 주장하고 주인 노릇만 하려고 덤비는 것이 문제인 것 같습니다. 각각의 집단이 모두 자신이 주인이라고 덤비기 시작하면 조직이나 사회는 끝없는 혼란 속으로 빠져들 공산이 큽니다. 회사도 각각의 이익 집단끼리 스스로를 손님으로 생각하고 참여하거나, 학교도 학생과 교직원 그리고 재단이 모두 손님의 입장으로 상대방을 대

한다면 갈등은 많이 줄어들 수 있습니다.

노자는 이 세계가 모두 손님들의 연합으로 되어 있다고 보는 것 같습니다. '유'는 '무'를 손님으로 맞이해서만 '유'로서의 존재적 가치를 갖고, '무'는 '유'를 손님으로 맞이해서라야 비로소 '무'로서의 존재적 가치가 실현되는 것처럼 말입니다. 노자 사상의 핵심이 바로 이겁니다. 남자는 남성성을 가지고 있어서 남자인 것이 아니라 여자라는 이성과의 관계 속에서 남성으로 드러납니다. 여성은 여성성 때문에 여성이 되는 것이 아니라 남성과의 관계에 의해 여성으로 드러납니다. 모순의 공존으로 이 세계를 해석하기 때문에 어느 누구도 주인일 수가 없습니다.

"진중하구나! 마치 손님과 같다"는 말은 주인이 아니라는 뜻입니다. 왜일까요? 본질이 없기 때문이지요. 손님의 입장에 서면 사람은 조심스럽고 진중해지지요. 주인 입장을 내세우면 경박하고 과감할 수 있습니다. 이 세계가 대립면의 꼬임으로 짜여져 있다는 '유무상생'의 원리를 적용하면 이해하는 데 어려움이 없을 것입니다.

渙兮其若凌釋
풀어져 있구나! 마치 녹아가는 얼음과 같다.

녹아가는 얼음은 어떻습니까. 물인지 얼음인지 분명하지 않습니다. 즉 끝이, 경계가 불분명해요. 그러니 녹아가는 얼음과 같다는 말도 유무상생이 적용된 행위 방식을 드러냅니다.

敦兮其若樸
돈후하구나! 마치 통나무 같다.
曠兮其若谷
텅 비어 있구나! 마치 계곡과 같다.

텅 비어 있다니 무엇이 없다는 걸까요? 본질입니다. 모든 것은 관계로 되어 있기 때문에, 즉 노자 식으로 말하면 유무상생이라는 대립면의 관계로 되어 있기 때문에 본질이 없다는 것이에요.《도덕경》에서는 '도'의 성격을 묘사하거나 '도'를 체득한 사람의 마음 상태를 표현할 때, '텅 비어 있다'는 표현을 많이 씁니다. '충沖' 자를 쓰기도 하고, '허虛' 자를 쓰기도 하지요. 모두 존재를 채울 본질을 부정하는 관계론 철학에서 나올 수밖에 없는 말입니다.

'나는 나다'라고 하면 내가 내 개성으로 존재한다는 뜻입니다. 내가 존재하는 근거인 나만의 '본질'을 내가 가지고 있다는 뜻이 되겠죠. 그런데 '나는 타인의 타인이다'라고 하면 나는 다른 사람과의 관계로 존재하는 사람이라는 뜻이 됩니다. '존재하는' 사람이 아니라 '드러나는' 사람입니다. 노자는 이 세계 역시 '드러나는' 것이라고 봤습니다. 모순의 공존으로 드러난다는 것이지요. 그래서 '공功'도 노자의 시선에서는 '이루는 것'이 아니라 '이루어지는 것'이 될 수밖에 없었을 것입니다.

노자는 《도덕경》 제2장에서 '성공成功'이라 하지 않고, '공성功成'이라 했습니다. '성공'이라 하면 공은 우리가 이루는 것이지만, '공성'이라 하면 공은 이루어지는 것이 됩니다. 공으로 드러난다는 것이지요. 텅 빈 계곡은 이러한 '비본질', 즉 '관계적' 세계관의 의미를 담은 중요한 모티프라고 할 수 있습니다.

混兮其若濁
소탈하구나! 마치 흐린 물과 같다.

도가철학은 잡종이거나 혼탁한 철학입니다. 섞여 있다는 뜻이지요. 무엇이 섞여 있을까요? 유와 무로 대표되는 대립면이 꼬인 채 섞여 있습니다. 이에 반해 유가는 순수한 철학이에요. 순수를 지향하지요. 본질은 순수의 결정입니다.

徐能濁以靜之徐淸
누가 혼탁한 물을 고요하게 하여 서서히 맑아지게 할 수 있으며
徐能安以動之徐生
누가 가만히 있는 것을 움직여서 생기가 살아나게 할 수 있는가?

혼탁과 맑음, 가만히 있음과 생기가 함께 공존함을 이르고 있지요. 맑아진 물은 혼탁함이 고요함이라는 절차를 통해서 드러난 것입니다. 이 맑음은 또 움직여주면 생기를 받아 다시 요동치는 활동성을 회복하고 혼탁해집니다. 맑음과 혼탁함은 서로 꼬여서 존재하지, 분리되어 각자 따로 있는 것이 아닙니다. 서양의 현대 철학자 하이데거가 이 두 구절을 서재의 벽에 걸어두고 음미하며 매우 아꼈다고 합니다.

保此道者 不欲盈
이런 이치를 지키는 자는 꽉 채우려 들지 않는다.
夫唯不盈 故能蔽而不成
오직 채우지 않기 때문에, 자신을 흐리멍덩하게 하지
특정한 모습으로 완성치 않는다.

자신을 경계 짓지 않고 흐리멍덩한 상태로 유지하며 특정한 모습으로 형성되지 않는다는 말입니다. 자신을 흐리멍덩하게 한다는 이 표현은 또 얼마나 절묘합니까? 대립면의 경계를 품은 사람은 자신을 특정한 모습으로 확정 짓지 않습니다. 다른 말로 하면 특정한 신념이나 이념에 의해 지배되지 않는다는 뜻도 되겠지요. 이것이 바로 '유무상생'의 원칙을 체득한 사람의 모습입니다.

노자는《도덕경》제41장에서 '대기면성大器免成'을 말합니다. 즉 큰 그릇은 특정한 모습으로 완성되지 않는다는 뜻이죠. 큰 그릇은 특정한 모습으로 굳지 않고 그냥 너덜너덜한 상태를 유지한다는 말로 읽어도 됩니다. 그런데 보통은 이 구절을 대기면성으로 읽지 않고, '대기만성大器晚成'으로 읽습니다. 그래서 큰 그릇은 늦게 이루어진다는 의미로 새기죠. 이런 말도 할 수 없는 말은 아니지만, 적어도 노자의 의도가 반영된 말은 아닙니다. 왜냐하면, 대기면성이라는 구절 앞에는 "정말 큰 사각형에는 모서리가 없다[大方無隅]"고 기록되어 있고, 그 뒤에는 "정말 큰 음에는 소리가 없고, 정말 큰 형상은 모습이 드러나지 않는다[大音希聲 大象無形]"는 구절들이 나와 있기 때문입니다.

여기서 '정말 큰 사각형', '정말 큰 음' 그리고 '정말 큰 형상'은 대기, 즉 '정말 큰 그릇'에 상응하는 말들이겠지요? '정말 큰 그릇'에 상응하는 말들은 모두 '소리가 없고, 형태가 없고, 모서리가 없다'는 부정적인 표현으로 이어지고 있습니다. '정말 큰 그릇'도 문장의 전개상 당연히 '완성되지 않는다'로 해석해야만 질서 있는 문장을 이루게 됩니다. 여기서 '정말 큰 그릇은 늦게 이루어진다'로 해석한다면 매우 어색하고 부자연스러운 조합이 되겠지요? 대립면을 품고 있는 자는 자신을 흐리멍덩하게 유지합니다. 마치 봄날 풀려가는 얼음 같기도 하고, 통나무 같기도 하고, 계곡 같기도 하고, 손님 같기도 하지요.

반드시 그래야만
하는 것은 없다

지금까지 제15장에서 도를 체득한 사람의 모습을 살펴봤습니다. 거듭 강조하지만 제15장은 반드시 유무상생과 연관을 지어 이해해야 합니다.
　　제37장의 내용도 좀 보고 넘어가지요.

道常無爲而無不爲
도는 항상 무위하지만 이루어지지 않음이 없다.

　　여기서 '무위'란 어떤 이념이나 기준을 근거로 하여 행하지 않는다는 말입니다. 반대로 '유위有爲'는 특정한 기준이나 신념 혹은 가치관 등의 지배하에 하는 행위를 말합니다. 물론 아무 생각 없이 바보처럼 행동한다는 뜻은 아니지요. 이념이나 기준에 휘둘리지 않는다는 말입니다. 이념이나 기준을 머리에 이고 숭배하면서 그것에 의존하는 것이 아니라, 그것들을 밟고 선다는 뜻입니다.

어떤 기준이나 이념 혹은 신념도 모두 구체적인 세계에서 형성된 관념의 구조물일 뿐입니다. 이 관념의 구조물은 만들어지자마자 썩기 시작할 수밖에 없죠. 생산되자마자 구식이 되지 않을 수 없는 것들입니다. 하지만 세계는 그런 관념의 구조물을 남겨둔 채 계속 앞으로 전진하거든요. 사람들은 이런 것들을 진리로 포장하여 높이 받들고, 그것들에 의존하여 변화하고 있는 세계를 해석하고 거기에 적응하려 합니다. 썩고 굳은 관념의 구조물로 변화하는 세계와 접촉하는 일은, 결국 세계를 과거의 거기에 붙잡아두려는 꼴이 되고 맙니다. 무위란 바로 이런 이념이나 기준과 같은 관념의 구조물에 수동적으로 의존하지 않고, 세계의 변화에 따라 자발적이고 유연하게 접촉하려는 시도입니다. 그래서 '유위'적 태도를 가진 사람은 자신 앞에 펼쳐지는 세계를 자신의 기준에 따라 '봐야 하는 대로' 보게 되지만, '무위'적 태도를 가진 사람은 어떤 기준의 지배도 받지 않기 때문에 세계를 "보여지는 대로" 볼 수 있습니다.

세계를 '보여지는 대로' 보고 반응하는 사람은 앞으로 나아가지만, 세계를 "봐야 하는 대로" 보는 사람은 과거에 묶여 있을 수밖에 없겠죠. 그러니 무위의 태도를 지녀야만 변화하는 진실과 접촉할 수 있게 되는 것입니다. 변화에 제대로 적응하고 적절히 반응한다면,

어떤 일도 이루어지지 않을 리가 없겠지요. 그것이 바로 '무위'의 결과로 나타난 무불위無不爲, 즉 '되지 않을 것이 없다'라는 구절의 의미입니다.

侯王若能守之 萬物將自化
통치자가 만일 그 이치를 지킬 수 있다면 만물은 저절로 교화될 것이다.

'반드시 그렇게 해야만 한다'는 생각은 일을 그르치는 지름길입니다. '내 아들을 반드시 의사로 만들어야겠다'는 부모의 선의善意가 탈을 내잖아요. 국가도 마찬가지입니다. 통치자가 어떤 신념을 고집하는 한, 그 신념으로만 세계를 해석하게 되어 그 신념을 집행하는 것을 진리를 행하는 것으로 자처하게 되어 버립니다. 선의 확신에 빠져 버리는 것이죠.

우리를 지금까지 혼란에 빠뜨리고 있는 4대강 사업도 그렇습니다. 꼭 해야 하고, 모두 해치워야 한다는 생각 대신에 조금만 더 주저하고 기다리면서 우선 하나씩 하나씩 시간을 두고 천천히 진행한달지, 반대의 목소리를 귀담아 듣고 계속 참고 설득하는 과정과 스스로 교정되는 절차를 거쳤다면 이렇게까지 되지는 않았을 것입니다. '무위'의 방식을 적용하지 못한 것이죠. 세종대왕도 정책 하나 실현하는 데

10년, 20년씩 토론을 거쳤다고 합니다. '무엇이 반드시 그래야 한다'는 믿음을 마음속에 품는 한 일이 순탄하게 진행될 수는 없습니다. 반대로 분명한 신념이나 믿음을 약화시킨 상태에서 무위의 입장을 취한다면 일은 반드시 이루어집니다. 통치자가 이런 '무위'의 원칙을 지키는 한 만사는 저절로 형통하게 된다고 합니다. 왜냐하면 '무위'는 내 의도를 세계에 주입하는 것이 아니라, 세계에 나를 맞추는 것이기 때문에 주도권을 세계 자체에 두게 되죠. 그러므로 세계와 나 사이에는 내 주관적 관념으로 야기되는 어긋장이 날 수가 없습니다. 순탄하지 않을 수 없죠.

化而欲作 吾將鎭之以無名之樸
교화하려 하거나 의욕이 일어나면 나는 아직 이름이 붙지 않은
순박함으로 그것을 억누를 것이다.

'무명無名'의 원초적인 의미는 무엇을 함축할까요? 그것은 바로 개념화되지 않는다는 것, 언어화되지 않는다는 것, 혹은 어떤 이념 체계로 구성되거나 거기에 지배되지 않는다는 것, 세계와 접촉하는 하나의 고정된 틀을 갖지 않는다는 것을 의미합니다. 대개 교화하려는 의지나 의욕이 발동하는 것은 이미 의식 속에 일정한 틀을 준비

해 가지고 그것을 외부에다 실현하려는 강한 욕구를 발휘하는 것 아니겠습니까? 그런 욕구를 아직 이름도 걸쳐지지 않은 태도로 누른다는 것은 매우 개방적이고 유동적인 자세로 외부를 관리하겠다는 뜻입니다. 왜냐하면 세계는 이미 변화와 관계 속에서 유동하고 있거든요. 그런 세계를 정해진 하나의 틀로 관리한다는 것은 이미 비효율적입니다. 내가 '무명'의 태도를 취하는 것은 세계가 '무명'의 성격으로 존재하고 있기 때문이지요. 변화 속에 있기 때문에 언어화할 수 없고, 관계로 되어 있기 때문에 이름을 붙일 수 없습니다.

예전에 스티븐 달드리 감독의 〈더 리더〉라는 영화를 본 적이 있습니다. 글을 모르는 연상의 여자와 그 여자에게 책을 읽어주는 10대 소년의 사랑을 다룬 영화였지요. 여자는 문맹이었어요. 글을 모르는 여자와 '사랑을 말하지 못하는' 남자는 비언어적 세계 속에서 불안하고 혼돈스럽지만 매우 근본적인 끌림을 느끼고 빠져듭니다. 언어화되지 않은 사랑을 한 것이지요. 언어 이전이거나 언어를 넘어선 것이었습니다. 문맹이었기 때문에 여자는 여러 가지 어려움을 겪게 됩니다. 감옥에 가는 이유도 어찌 보면 문맹이었기 때문입니다. 그런데 여자가 감옥에서 글을 깨우칩니다. 이제 둘의 관계는 '언어화'되어야 하는, '언어 체계' 속에서 확인되어야 하는 매우 안타까운 상황에 처하게 되죠. 결국 남자는 글을 깨우친 여자를 떠나게 됩니다. 언어 이전의 온전한 사랑이, 이제 언어화되어 틀을 짓는 새로운 국면으로 진입한 것을 감당할 수 없게 되었기 때문이 아닐까요.

제38장에는 또 이런 구절이 나옵니다.

是以大丈夫處其厚 不居其薄
이렇기 때문에 대장부는 중후함에 처하지 얄팍한 곳에 거하지 않는다.

여기서 두터움은 내면의 두께입니다. 내면의 동력, 내면의 힘, 주체성이에요. 경박함이란 원심력을 가지고 실재 세계에서 벗어나 저멀리 걸려 있는 개념의 구조에 열광할 때 생겨나는 소위 과감한 처사處事 방식입니다. 이념, 신념 등과 같은 개념의 구조물에 몰두할수록 사람은 가볍고 경박해집니다. 과감해지는 거지요. 눈에 핏발이 서고, 팔뚝에 힘이 들어갑니다.

신념이 강한 사람은 행동이 경박합니다. 이념이 강한 사람은 행동이 가볍습니다. 진리에 대한 신념이 강한 만큼 행동의 근거가 너무나 분명하거든요. 이 분명한 근거로부터 확신을 부여받는 순간 과감해져버립니다. 반면 이념에 집중하지 않고, 세계 자체에 몰두하는 사람은 세계가 관계와 변화 속에 있음을 인지하고 변화를 발생시키는 중첩된 경계들을 그대로 받아들임으로써 경계에 서는 혹은 대립면을 품는 태도를 취할 수밖에 없죠. 이런 사람의 행동은 과감하지 않고 중후할 수밖에 없습니다. 성숙한 손님이 중후하고 조심스러운 태도를 끝까지 유지하는 것과 같은 이치입니다.

處其實 不居其華
그 참된 모습에 처하지 그 꾸며진 곳에 거하지 않는다.

꾸며진 세계는 화려합니다. 장식이 되어 있으니까요. 모든 장식은 인위적 조작입니다. 언어적이고 개념적이며 이념적이죠. 참된 모습, 즉 실재의 세계는 개념화되지 않은 내면, 관계를 품는 경계성의 마음, 구획되지 않은 채 동력으로 존재하는 마음에 의해서만 진실로 받아들여지는 바로 지금 – 여기의 실재를 가리킵니다. 실재는 나의 내면, 나의 바탕, 지금 – 여기, 사건이 발생하고 소멸하는 구체적인 세계 및 현재를 의미하지요.

'저것'은 노자의 시각에서 볼 때 개념의 세계입니다. 이념과 신념으로 되어 있는 기준이지요. 개념의 구조물입니다. 개념의 구조물은 인위적으로 조작된 세계이지 실재가 아닙니다. 노자는 실재하지 않는 것을 가지고 실재하는 것을 관리하거나 지배하려 하지 말라고 말합니다. 실재하지도 않는 저 고정된 구조물로서의 가짜 세계로 변화무쌍한 이 실재의 진짜 세계를 제압하려 하지 말라는 것이죠.

저기 있는 이념의 구조물은 '우리'가 공유하는 것이고, 실재의 이

곳은 웅성되는 개별자들로 구성되어 있지요. 결국 노자의 시선은 당연히 '우리'보다는 '나'에게 집중됩니다. '저것'보다는 '이것'을 취하려 하기 때문이죠. '우리'가 공유하고 지향하는 이념에 집중되어 있는 사람은 저 이념을 기준으로 해서 세계와 관계하고 접촉합니다. 이것을 노자는 '유위'라고 하죠. 우리가 공유하는 이념이나 신념을 기준으로 하지 않고, 자신의 내적 자발성에 주도권을 두고 하는 행위를 '무위'라고 하고요.

물러서면 앞서고
숨으면 빛난다

제48장을 봅시다. 굉장히 유명한 장이지요. 노자의 무위를 말한다면, 반드시 먼저 봐야 할 문장입니다.

爲學日益 爲道日損
배움을 행하면 날마다 보태지고, 도를 행하면 날마다 덜어진다.

《논어》의 첫 글자는 '학學', 《도덕경》의 첫 글자는 '도道'입니다.
공자와 노자가 일부러 그렇게 배치한 것은 아니겠지만, 아무튼 결과적으로는 각자 자신의 사상을 펼치는 데 매우 혹은 가장 중요한 작용을 하는 글자들이 맨 앞에 나오고 있습니다.

공자가 '인'을 인간의 본질로 파악하고 자신의 철학을 전개하는 한, 가장 보편적이거나 이상적인 단계가 설정될 수밖에 없다는 것을 앞에서 비교적 자세히 언급했습니다. 그 보편적인 규제 단계가 바로 '예'이고, 그 보편적 이념을 몸으로 체현해낸 가장 성숙된 인격이 바로 성인이나 군자입니다. 그래서 공자의 체계에서 인간은 '예'에 도달하거나 성인 혹은 군자의 상을 자신이 몸소 구현할 수 있도록 최선을 다해야 합니다. 이런 사명을 완수할 수 있으려면 각자는 모두 '예', '성인' 그리고 '군자'의 이념이나 행동 양식을 자신이 도달해야 할 목표로 정해서 그것들을 모방하고 반복 훈련하는 수밖에 없겠지요. 그래서 공자의 철학에서는 '학'과 반복훈련을 뜻하는 '습'이 '사명 완수'에 가장 중요한 장치가 됩니다.

'학' 또는 '배움'의 출발은 모방입니다. 이미 정해져 있는 것을 모델로 해서 그것을 모방하는 일이에요. 그러니 유학은 기본적으로 쌓아가는 학문이 될 수밖에 없지요. 성인의 말씀을 쌓아가는 겁니다. 그래서 '학'을 함은 날마다 무엇인가를 더하는 일이라고 노자는 말합니다. 그런데 자신이 말하는 '도'는 그게 아니라는 거지요. 무엇인가를 날마다 덜어내는 일이라는 겁니다.

혹자는 노자의 말 그대로 머리에 든 것을 다 덜어내면 너무 무식해지는 게 아니냐고 묻습니다. 그런데 노자의 '손損'은 더하기 빼기의 문제가 아니에요. 나에게 이미 있는 지식, 이념, 신념을 약화시키고 또 약화시키면 그것들이 지배력을 상실하게 되겠지요. 그러면 이제 자기에게만 있는 자기 본래의 자발적인 내면이 드러나게 됩니다. 자기 자신이 지식이나 이념 혹은 신념의 지배를 받지 않고, 자기 스스로의 동력으로 세계와 직접 마주하는 것이죠. 약화된 것들을 밟고 우뚝 서는 것입니다. 남이 만들어놓은 것, 이미 정해져 있는 것의 주도권을 약화시키고 나를 표현할 수 있는 나의 욕망, 나의 표현력, 나의 충동이 그 자리를 대신해야 한다는 겁니다.

신념이나 이념이 주도권을 갖게 되면 그것들이 시키는 대로 세계를 바라볼 수밖에 없게 되는 것은 뻔한 이치 아니겠습니까? 이것이 바로 '유위'죠. '무위'는 나를 지배하거나 인도하려는 것들이 최대한 약화되어 있으니, 세계를 봐야 하는 대로가 아니라 그냥 보여지는 그대로 볼 수 있게 됩니다. 이것이 '무위'죠. 그래서 다음 문장은 이렇습니다.

損之又損 以至於無爲
덜고 또 덜어내면 무위의 지경에 이르는구나.

덜어낸다는 것은 이미 내면에 들어 앉아서 지배력을 차지하고 있

는 것들을 약화시킨다는 뜻이죠. 즉 그런 것들을 약화시키고 또 약화시키면 '무위'에 이르게 됩니다. '무위'란 아무것도 안하는 게 아닙니다. '무위'란 세계와 관계할 때 기존의 견고한 틀이나 방식에 갇힌 상태가 아님을 뜻해요. 이미 있던 신념, 이념, 가치관을 무시하고 자신이 주인이 돼서 자신이 고유하게 생산한 자신만의 문제의식으로 세계와 직접 관계하는 겁니다. 세계를 볼 때 기준을 갖고 보지 말라는 겁니다. 이론을 가지고 문제를 대하는 것이 아니라 문제 안으로 직접 침투해 들어가는 태도가 '무위'입니다.

흔히 노자 철학을 소극적 철학, 반문명적 철학이라 하는데 그렇지 않습니다. 세상을 초월해 산야에서 꾀죄죄한 도포에 술 한 병 들고 유유자적하는 게 도가가 아니에요. 노자는 《도덕경》을 통해 정치적으로나 인식적 혹은 가치적으로 천하를 장악하는 법을 알려주고 있습니다.

도가 철학을 흔히 '무위의 철학'이라고 가볍게 말하면서 오해가 시작됩니다. 즉 글자 그대로 '무위'를 아무것도 하지 않는 매우 소극적인 태도로 치부하고 시작해버리기 때문입니다. 그런데 사실 노자가 말하는 '무위'는 수단이거나 과정 혹은 태도의 방식일 뿐입니다. 노자는 그런 태도를 통해서 도달하고 싶은 곳이 분명히 있었습니다. 또 그것을 분명하게 언급했습니다. 그것은 매우 큰 성취입니다. 이것을 노자는 '모든 것이 이루어진 지경' 또는 '되지 않은 것이라고는 하나도 없는 지경'이라고 말합니다. 그 의미를 글자로는 '무불위'라고 표현했지요. 노자는 분명히 말합니다.

無爲而無不爲
무위를 실천해봐라, 그러면 안 되는 일이 없을 것이다.

이 문장을 말할 때, 노자의 시선은 절대 '무위'에서 멈추지 않습니다. 바로 '무위'를 지나 '무불위'에 가서야 멈추지요. 노자의 시선이 닿고 싶어 하는 곳은 바로 '무불위'의 지경입니다. 노자가 무위를 강조한 이유는 무불위의 효과가 있기 때문입니다. 노자는 현실을 초탈하려는 철학자가 아닙니다. 현실적 성취를 매우 중시했던 철학자입니다. 세상 속으로 아주 깊숙이 들어간 철학자였죠. 다음 문장을 보면 더 분명해집니다.

取天下常以無事
천하를 차지하는 것은 항상 일거리를 없애기 때문이다.

'무사無事'가 뭡니까? 일거리를 만들지 않는 겁니다. '유사有事'가 어떤 기준을 정해놓고 특정한 이념의 틀 안에서 일하는 것이라면 '무사'는 개방적인 상태에서 자율성에 따라 일하도록 하는 것입니다. 일을 한다기보다 일이 되어지도록 하는 것이죠. 그러니 천하를 차지하는 일은 틀 안에 가두는 방식이 아니라 개방성과 자율성 속에서 다양한 주체들이 마음껏 활동할 수 있도록 하는 방식이어야 한다는 것입니다.

及其有事 不足以取天下
그래서 일거리를 만들면 천하를 차지할 수가 없다.

이 문장은 노자가 세상이 하찮고 귀찮아서 세상을 피해버린 사람이 아니라는 것을 확실히 보여줍니다. 이런 측면에서 저는 흔히 '무위자연'이라고 칭해지는 노자의 철학을 '무불위자연'의 철학으로 불러도 재밌겠다는 생각을 해봅니다.
이제 《도덕경》 제7장입니다.

天長地久

천지자연은 장구하다.

인생은 유한하지만 천지는 장구합니다. 천지자연이 장구하게 유지되는 일은 아마 우리가 대면할 수 있는 성취 가운데서 가장 큰 성취겠지요? 노자는 이 천지자연의 장구한 전개를 '무불위'라는 경지의 가장 훌륭한 예로 삼았을 겁니다. 그런데 노자는 이 천지자연이 장구하게 유지될 수 있는 가장 근본적인 이유로, 자기 자신이 중심의 자리를 차지하려고 하지 않는 태도를 가졌기 때문으로 봅니다.

天地所以能長且久者
천지자연이 장구할 수 있는 까닭은
以其不自生
그 자신을 살리려고 하지 않기 때문이다.
故能長生
그러므로 장생할 수 있다.

이 태도를 노자는 "자신을 살리려고 하지 않는다"고 표현했는데, 이것이 바로 '무위'적 태도를 은유적으로 표현한 것입니다. 다음 문장에서 조금 더 자세히 설명합니다.

是以聖人後其身而身先
성인은 이러한 자연의 이치를 본받아 자신을 내세우지 않는다.
그러나 오히려 앞서게 된다.
外其身而身存
그 자신을 도외시하지만 오히려 자신이 보존된다.

'자신을 내세우지 않는' 태도나 '자신을 도외시하는' 태도는 전형적으로 '무위'의 태도입니다. 자신의 입장을 강하게 드러내지 않는 태도를 말하는데, 자신의 입장이란 보통 자신의 의식으로 질서 잡힌 고정된 관념으로 되어 있지 않나요? 그 고정된 관념에 의해서 자신의 의욕이나 의지가 결정되곤 하죠. 자신을 내세우지 않거나 자신을 도외시한다는 태도는 바로 고정된 관념으로 되어 있는 자신의 입장과 의지를 매우 약화시킨다는 것이지요. 노자의 사상을 이해할 때, 보통 이 단계까지만 보는 것 같습니다. 그래서 자신을 뒤로 물러나게 하고, 또 자신을 도외시하는 등의 소극적인 태도로만 노자를 이해해 버리죠.

그런데 노자가 이런 소극적인 태도를 말하는 이유는 바로 이어져

서 설명됩니다. '무위'의 태도를 통해서 '무불위'의 성취를 이루듯이 '자신을 내세우지 않는 태도'를 취함으로써, 오히려 '앞서게 되는' 성취를 이루고, '자신을 도외시하는 태도'를 취한 결과로 오히려 자신이 '보존되는' 성취를 이루라는 것입니다. 노자의 시선은 절대 자신을 내세우지 않거나 자신을 도외시하는 것에 머물지 않습니다. 노자의 시선이 도달하고자 하는 곳은 오히려 자신이 앞서게 되고 보존되는 것과 같은 커다란 성취가 이루어지는 지점이지요.

'뒤로 물러서라', '자기를 도외시하라'는 지침을 두고 노자를 소극적인 철학자라고 하지만 천만에요. 그렇게 함으로써 오히려 앞서고 보존되는 거예요. 아직도 노자가 현실을 떠난 초월적인 철학자로 보이나요?

사람들은 세계와 어긋장 나는 데서 방황합니다. 세계는 끊임없이 변합니다. 세계의 변화는 사람에 맞추어서 이루어지지 않습니다. 세계는 감정이 없이 그저 변할 뿐입니다. 사람이 세계와 어긋장 나지 않는 관계를 유지하기 위해서 할 일은, 세계가 자신에게 맞추어지기를 기대하는 것이 아니라 자신이 세계에 맞추는 것입니다. 그런데 자기가 고정되어 있거나 일정한 틀을 고수하고 있다면, 변화하는 세계에 맞추는 일은 불가능하죠. 자신을 고집하지 않고 세계에 유연하게 맞출 수 있으려면 '무위'의 태도를 가져야 합니다. 새로운 사건이 생길 때나 새로운 정책을 결정할 때, 혁신에 성공하는 나라는 항상 새로 전개될 패러다임에 맞는 판단과 결정을 합니다. 반대로 혁신에 실패하는 나라들은 항상 기존의 패러다임으로 미래를 설계하지요. 바로 '유위'하는 것입니다.

세계는 변합니다. 움직입니다. 누구도 이를 부정할 수 없지요. 우리의 판단, 우리의 행동은 항상 변화하는 세계와 함께해야 합니다. 세계가 움직이는 방향과 함께하라는 것이 '무위'가 강조하는 핵심입니다.

問

우리는 항상 미래를 생각하기 때문에 현재가 행복하지 않다는 말을 어떻게 받아들여야 합니까? 사람에게 미래에 대한 희망이 없을 때 가장 불행한 것 아닌지요.

答

미래가 없으면 불행하지요. 그런데 잘 생각해봅시다. 미래가 없어서 불행한가요, 아니면 현재 자기가 누리지 못하는 게 불행한가요?

제가 아는 어떤 여성은 꿈이 큽니다. 미래가 분명해요. 그래서 항상 미래에 헌신하는 일을 합니다. 그래서 어떤지 아세요. 언제나 열심히 사는 것 같고 보람 있는 것 같지만 어느 순간 공황 상태에 빠지곤 해요. 자기가 분투하며 잡으려는 미래는 항상 '아직 오지 않은 상태'로만 있기 때문입니다. 미래가 있으면 그것을 기준으로 불행과 행복을 극단적으로 나눌 수는 없다고 봅니다. 노자의 의도는 미래에 도달할 것으로 예상하고 어떤 기준에 함몰되지 말라는 것이라고 생각해요. 미래는 '현재'가 쌓여서 이루어지는데, '아직 오지 않은 미래'에다 시선을 고정시키고 지금 여기 있는 현재를 소홀히 하지 말라는 뜻일 거예요.

9강
—
불편한 법칙을 대하는 우리의 자세

보여지는 대로
보라

제가 노자와 공자를 자주 비교하다 보니 간혹 유학을 전공하는 친구들로부터 왜 유학과 공자를 폄하하느냐는 항의를 받기도 합니다. 그런데 노자 강의를 하다 보니 그런 것이지 제가 공자가 나쁘고 노자가 좋다고 말하고 있는 것은 전혀 아닙니다. 다만 현대가 흘러가는 방향과 비교해볼 때 공자의 사상보다는 노자의 사상이 좀 더 적응력이 높고 효과적일 수 있습니다. 노자가 좀 더 긍정적인 역할을 할 수 있다는 것이지요. 그것은 제가 공자를 비롯한 유가사상을 근대적 철학으로 보고, 노자를 비롯한 도가사상을 현대적 철학으로 보기 때문입니다.

이 세상에 출현한 그 어떤 철학도 세계의 모든 문제를 해결할 수는 없습니다. 영원히 보편타당한 철학은 없다는 것입니다. 각 시대에 맞는 어떤 유형의 철학이 있을 뿐입니다. 원래 철학은 '시대를 관념으로 포착하는 것'이기 때문입니다. 이 세계의 주도권은 항상 세계 자체에 있어요. 이론에 있지 않습니다. 그러니 이 세계가 어떤 형태를 띠고 움직이는지, 어떤 방향으로 움직이는지를 감지하고, 그 안에서 인간은 어떤 유형의 인간으로 자기 삶의 의미를 구현하는지를 가늠하는 게 가장 중요합니다. 다시 말해 내가 어떤 이론을 가지고 있는지, 나에게 어떤 믿음 체계가 있는지는 중요하지 않아요. 세계가 움직이는 방향에 대해 어떤 궁금증을 가졌는지가 더 중요하지요.

공자는 인간의 근본적인 어떤 정서, 근본적인 내면성을 기반으로 만들어진 공통의 이념을 모두 따라가게 하는 방식으로 세계를 관리하려고 했습니다. 그 보편적 이념은 인간성을 바탕으로 만들어졌기 때문에 '선한 것'이라고 봅니다. 그런데 노자는 인간성에 바탕을 두고 형성된 이념이 선이건 악이건 관계없이 보편적인 것으로 요구되는 한, 어떤 기준이 될 수밖에 없다고 봤어요. 기준은 권력으로 행사되며 이 경우 사회를 구분하고 배제하고 억압하는 기능을 하게 되지요.

노자가 볼 때 유학의 방식은 필연적으로 가치론에 빠질 수밖에 없습니다. 또 이 가치의 실현자로 우뚝 서면 세계의 변화보다는 기준을 따르려는 자신의 의지가 더 확고해지겠지요. 그러면 세계와 자기 자신 사이에는 불화가 조성될 수밖에 없어요. 따라서 노자는 세계와 관계할 때 자기 내면에 자리 잡은 가치론적 요소를 최대한 약화시켜야 한다고 주장하는 것입니다. 노자의 모든 전략은 인간의 내면성을 지배하는 어떤 가치론이나 체계를 최대한 무력화시키는 방향으로 갑니다. 그래서 세계 자체가 진실 그대로 인간에게 드러날 수 있게 해보려는 것이지요. 세계 자체가 드러나는 실상 그대로를 대면할 수 있다면, 여기서부터는 적절한 반응이 어렵지 않게 이루질 수 있지 않겠습니까? 자신의 가치론적 의지 없이 세계 자체의 실상 그대로에 반응하는 방식을 노자는 '무위'라고 표현한 것이지요.

무위의 반대말은 '유위'입니다. 유위란 이념이나 신념과 같은 가치론적인 어떤 근거를 가지고 세계와 관계하는 것입니다. 그 기준에 따라서 이 세계를 봐야 하는 대로 보는 것이지요. 그런데 이 세계를 봐야 하는 대로 보는 사람은 보여지는 대로 볼 수 있는 사람에게 항상 패배할 수밖에 없습니다. 봐야 하는 대로 보는 사람은 자신의 뜻을 세계에 부과하려고만 하고 세계의 변화 자체를 알려 하지 않기 때문에 그 변화에 적절한 반응을 하기 어렵습니다.

반대로 이 세계를 보여지는 대로 볼 수 있는 사람은 봐야 하는 대로 보는 사람을 항상 이깁니다. 보여지는 대로 보고 세계에 반응한다는 것은 세계의 변화에 딱 맞게 반응한다는 것 아니겠습니까. 이것이 노자가 말하는 '무위'의 힘입니다. 이 '무위'의 힘을 지키면 세상에 이루지 못할 일이 없게 되지요. 따라서 당신이 제후라면 궁극적으로 천하를 장악할 수도 있는 것입니다.

그렇다면 이 세계를 '보여지는 대로' 본다는 게 무슨 뜻일까요? 인간이 살아가는 과정은 지식이 쌓이고 경험이 축적되는 과정입니다. 계속 쌓이는 이 지식과 경험을 부정하고 없애란 말이겠습니까? 그렇지는 않습니다. 또 그럴 수도 없습니다. 그럴 필요도 없어요. 다만 지식과 경험에 지배되지 않은 눈으로 세계를 보라는 뜻이지요. 지식과 경험은 이미 하나의 관념 체계로 형성된 것인데, 그것은 형성되는 순간 고집스러운 것으로 변하고 부패가 시작되기 때문에 거기에만 의존하면 세계 전체의 실상이나 변화를 감지할 수 없습니다. 지식이나 경험에 지배되지 않는다는 말은 어찌 보면 지식과 경험을 수단으로만 사용한다는 말도 될 것이고, 지식과 경험에 주도권을 넘겨주지 않는다는 말도 될 것입니다.

우리가 지식을 대하는 태도를 크게 두 종류로 나눌 수 있습니다. 지식이 시키는 대로 하는 사람과 지식을 다루고 이용하는 사람이지요. '이용'을 노자 식으로 말하면 '지식을 지배한다'입니다. 이론을 밟고 서서 지식보다 자신의 자발성을 더 드러내는 겁니다. 이 단계에 이르면 세계를 '보여지는 대로' 볼 수 있습니다. 지식과 경험에 갇혀 자신의 욕망이나 내면적 자발성이 거세되는 상황에 처하도록 방치하지 말라는 말입니다. 자기 자신의 내적 자발성이 가장 전면에 드러나도록 하는 방식을 취하면 세계를 봐야 하는 대로가 아니라 보여지는 대로 볼 수 있게 됩니다.

지배당하지
않는 힘

공자와 노자는 기본적으로 정치 철학자로서의 성격이 굉장히 강해요. 제가 볼 때 장자를 제외한 중국의 철학자들이 대개 그렇습니다. 중국의 사유는 항상 구체적인 현실에 기반을 두기 때문에 그런 것 같습니다. 《도덕경》역시 기본적으로는 정치 철학서로 보아도 무방할 정도지요. 《도덕경》에서 다루는 '무위의 실천' 또한 대개 통치의 방식과 연관됩니다. 그래서 이 무위의 방식이 통치에 어떻게 적용되는지를 볼 수 있어요.

노자는 통치에 무위가 적용된 단계를 《도덕경》제17장에서 이렇게 설명합니다.

太上 下知有之
최고의 단계에서는 백성들이 통치자가 있다는 것만 안다.

통치의 최고 수준은 '태상太上'입니다. 아랫사람들이 통치자가 있다는 사실 정도를 아는 단계입니다. 통치자가 있는 줄은 알지만 지배당하는 느낌을 받지 못하는 겁니다. 통치자로부터 부과될 수 있는 어떤 부담도 느껴지지 않죠. 가치론적인 평가나 감정적인 느낌 자체가 만들어지지 않을 정도로 형식으로만 존재할 뿐이죠. 자발적 지지를 받고 있는 단계이지만, 그 지지가 자발적으로 발생하는 것조차 의식이 안 될 정도로 이미 자연스러워진 상태입니다. 통치자가 자신의 뜻대로 백성들을 움직이려는 것이 아니라, 스스로 백성들의 움직임을 따르면 이렇게 되지요. 백성들 자체가 '세계'이며, 통치자가 그 세계를 반영할 수는 없습니다. 즉 세계 변화의 흐름은 백성들의 움직임 안에서만 발견될 수 있습니다.

其次 親而譽之
그다음은 친밀함을 느끼고 그를 칭송한다.

아랫사람들이 통치자를 굉장히 좋게 생각하고 떠받드는 단계예요. 아주 찬양하지요. 친하게 생각하고 명예롭게 여깁니다. 이 단계는 어떤 의미에서 평가가 극에 이르러 매우 훌륭한 것으로 보일 수도 있지만, 이미 어느 특정한 의미로 채워진 가치론적 평가가 지배적이기 때문에 어쩔 수 없이 제한적인 범위 안에서의 찬양일 수밖에 없습니다. 자발적 지지를 받지만 제한적인 범위 안에서의 지지입니다.

其次 畏之
그다음은 그를 두려워한다.

많은 독재자가 여기에 속할 겁니다. 통치자를 두려워하는 단계입니다. 두렵고 위압적이어서 따르기는 하지만 자발적 지지를 얻기는 이미 불가능합니다. 이 단계에서는 백성들과 통치자 사이의 의견이 다릅니다. 어긋난 상황 속에서 통치자가 독선에 갇힌 채 자신의 뜻대로만 하려는 것이 독재입니다. 보여지는 대로 보지 않고 봐야 하는 대로 보려는 태도가 빚어낸 비효율적 상황이죠.

其次 侮之
그다음은 그를 비웃는다.

아랫사람들이 윗사람을 모욕하는 단계입니다. 우리나라에도 이런 경우가 있었죠. 통치자를 바보나 우스갯거리로 만들 정도로 이제 두려움도 없습니다. 두려움 때문에 따르느니 차라리 죽는 것이 낫겠다 싶은 단계에 이르면 이런 현상이 나타납니다. 지지하지도 않고 따르지도 않으며 전혀 다른 세계의 사람으로 치부해버리고 비웃죠.

그런데, 앞에서 말한 최고의 단계는 신뢰, 즉 믿음의 문제와 연결됩니다.

信不足焉 有不信焉
통치자가 백성들을 믿지 않기 때문에 백성들도 통치자를 믿지 못한다.

이 문장의 의미를 영화를 예로 들어 설명해볼까 합니다. 저는 박찬욱 감독의 〈올드보이〉 이후 한국 영화의 수준이 껑충 올라섰다고 봅니다. 그 이후로 나온 작품들은 대부분 어떤 영화라도 어느 정도 기본적인 수준을 유지하는 것 같습니다. 그런데 그 이전의 영화들은 대개 재미가 없었죠. 왜 옛날 한국영화는 대부분 재미없고 요즘 한국영화는 재미있을까요?

영화에 대해서 아는 바가 거의 없는 저의 사견입니다만, 예전 영화가 재미없었던 이유는 아마 영화에 '여백'이 없었던 까닭이 아닐까 생각합니다. 과거의 재미없던 영화들에서는 대개 작품의 의도를 배우들의 입을 통해서 모두 설명해주었지요. 관객이 느껴야 할 부분까지 모두 대사로 설명을 해주었습니다. 관객이 영화 스토리 안에 들어

갈 틈이 없었지요. 관객이 철저히 배제되어서 영화와 관객이 분리되는 부정적인 현상이 나타났지요. 그런데 〈올드보이〉를 보면서 저는 비로소 '내가 관객이 됐다'고 느꼈습니다. 스크린 속에 말이 많지 않아요. 내가 주체적으로 느끼고 이야기를 함께 따라가는 역할을 하게 됩니다. 이런 역할을 하는 관객은 영화 관람자에서 영화 참여자로 재등장하는 효과를 갖게 됩니다. 관객 입장이 아니라 직접 이야기를 만들어가는 것 같은 매우 긍정적인 착각을 할 수 있지요. 내가 이야기를 만드니 영화가 한층 재미있을 수밖에요.

그런데 영화감독이 관객 수준을 신뢰하지 않으면 자신의 메시지나 장치들을 관객이 이해하지 못할까 봐, 스토리를 다 따라가지 못할까 봐 자꾸 설명을 끼워 넣게 됩니다. 그런데 관객을 신뢰한다면 자세한 설명이 필요 없지요. 영화감독과 관객이 대화하는 방식으로 스토리가 전개되고 거기서 재미가 만들어집니다.

이번에는 가족 관계에 빗대볼까요. 부모 자식 간에 왜 갈등이 생깁니까? 대부분은 부모의 선의 때문입니다. 자식이 잘못될까 자식이 잘못살게 될까 염려하는 마음에서, 자식을 잘 살게 해주려는 목적으로 선의가 시작됩니다. 그렇지만 뒤집어 보면 자식을 불신하는 거예요. 자식을 믿지 않기 때문에 수많은 언어와 지시가 가중됩니다. 이 말만은 꼭 해야 자식이 제대로 될 것 같고, 학원에 보내지 않으면 자식이 공부를 안 해 행복한 인생을 살지 못할 것 같은 생각이 들지요. 사실 이런 생각들과 염려의 뿌리는 모두 불신입니다. 불신의 뿌리는 부모의 선의가 기준으로 자리 잡는 순간부터 자라기 시작하지요. 사람이라면 이렇게는 살아야지, 내 자식이라면 이 정도는 돼야지, 이 정도 지식은 가지고 있어야지 하는 등의 기준과 가치 말입니다. 부모의 가치 체계가 자식에 대한 불신을 만들고, 이로 인해 자식에게 실망을 하게 되고, 거기서부터 부모 자식 간의 갈등은 시작되지요.

제가 자식을 키우면서 겪은 여러 시행착오들 때문에 알게 된 것이 있습니다. 자식에게는 세 가지만 해주면 될 것 같아요. 첫째, 진심으로 믿어야 합니다. 믿지 않으면 예뻐 보이질 않습니다. 자식의 꿈과 희망을 존중하고 믿어야 합니다. 둘째, 자식을 사랑해야 합니다. 자식이 아닌 자식의 성공이나 출세를 사랑해선 안 됩니다. 성적이 올라가면 더 예뻐지고, 성적이 떨어지면 덜 예뻐진다면 아마 자식을 사랑하는 것이 아니라, 자식이 가지고 온 성적표를 사랑하는 것일 수 있습니다. 셋째, 기다려줘야 합니다. 간혹 실패하더라도 기다려줘야 해요. 실패를 통하지 않고는 배울 기회가 그리 많지 않습니다. 눈앞의 작은 실패들도 허용하지 않는다면 커다란 학습장을 잃게 됩니다. 믿고 사랑하고 기다리기. 다만 진심으로. 여기서 가정의 행복이 나오고 창조적 성취가 이루어집니다.

통치자도 마찬가지입니다. 자기가 가치론적으로 옳거나 선하다고 믿는 이념을 기준으로 정해 놓고서 백성으로 하여금 그것을 따라야 한다고만 하면 통치자와 백성 사이에는 괴리가 생기지 않을 수 없습니다. 백성은 물처럼 흐릅니다. 세계 변화의 진실은 백성이 꾸리는 구체적 일상 속에 있지, 통치자나 전문가의 머릿속에 있지 않습니다. 그런데 머릿속에 있는 이념을 기준으로 삼으려는 의지가 강하면 강할수록 그 기준으로 백성을 재단하게 되고 결과적으로 백성을 불신하게 됩니다. 백성을 믿지 않는 상태에서 만든 정책은 백성의 바람과 필요와는 동떨어지게 되어 있어요. 백성은 통치자를 떠나게 됩니다. 백성을 믿지 않으면 백성이 통치자를 믿지 않게 된다는 게 바로 이 문장의 뜻입니다.

욕망과 희망의 자발성

제가 대학에서 강의를 하다 보니 대학생들과 이야기할 기회가 많습니다. 그런데 학생들의 마음속에 있는 상처들이 부모가 상상하기 어려울 정도로 큰 경우가 많아요. 어려서부터 대학 진학이라는 목표를 이루기 위해 부단히 학습에만 매진한 까닭에 자신의 소소한 행복을 누릴 기회를 상실하지요. 아마 그들은 대학에 진학하기 전까지 행복했던 기억이 그리 많지 않을 것입니다.

행복한 기억 없이 청소년기를 보낸 학생들의 마음속에 얼마나 큰 상처가 있는지, 어른들은 그리 심각하게 생각하지 않는 것 같습니다. 하지만 학생들의 심리 상태는 상당 부분 그리 건강하지 않습니다. 학생의 심리 상태가 정말 심각한 경우엔 학부모를 만나기도 합니다. 그런데 부모에게 자녀의 심리 상태가 건강하지 않다고 말해주면 믿지를 않습니다. 우리 애는 그럴 리 없다고 한결 같은 반응을 보이죠. 그럴 만도 한 것이 자식들은 어떻게 하면 부모들이 좋아할 것인지를 아주 잘 알고 있고, 그동안 그렇게 해드린 것입니다. 10년 이상 부모를 만족시키는 체계적인 훈련을 한 것과 같은 격이죠. 그러는 동안 자기 마음에 멍이 든 겁니다. 자기가 사라진 자리를 대학이 차지하고 있지요. 자신을 알아가야 할 시간을 상실한 채, 학습에만 몰두하며 보낸 것입니다.

청소년기는 시행착오가 허용되는 시기여야 합니다. 이 시행착오를 통해서 진정한 자기를 찾을 수 있기 때문이죠. 물론 그 기간에는 보나마나 헤매고 부딪치고 넘어지겠죠. 그럼에도 불구하고 믿어주어야 합니다. 그때 그 단계에서 누릴 행복을 누릴 수 있게 도와주어야 합니다. 행복하고 즐겁고 발랄한 심리 상태에서 진정한 힘이 나오고 지적 창의성이 발휘되기 때문이죠. 창의적인 인재가 되기를 기대하면서도 창의성을 발휘할 수 있는 내면의 힘을 키울 기회를 주지 않는다면 모순입니다. 부모가 자식을 믿지 않으면 자식 또한 부모를 믿지 않습니다. 믿는 척은 하겠지요. 신뢰가 깨진 관계에서는 어떤 성취도 얻을 수 없습니다. 무엇보다 자식이 행복하지 않습니다.

悠兮其貴言

274

조심스럽구나! 그 말을 아낌이여.

노자 사상에서 '말'이라는 것은 이미 가치가 담긴 개념 체계들입니다. 따라서 말을 아끼고 귀하게 여긴다 함은 가치론적 주장을 최대한 줄인다는 뜻이지요. 이념 체계를 약화시키는 거예요. 부모는 자식에게서 스스로의 욕망과 희망이 드러날 때까지 기다려주고, 부모는 그 희망과 욕망을 자식 스스로 실행해나가는 것을 지켜봐주는 것이죠. 자발성이 발휘되도록 조성해야 하지, 자신의 뜻을 거기에 관철시키려 덤비지 않아야 한다는 뜻입니다. 당연히 말이 줄어들 수밖에요.

부모 자식 간을 예로 들어서 말한다면, 행위의 주도권을 부모가 갖지 않고 자식에게 돌려준다는 것입니다. 부모가 지시하거나 충고하거나 길을 찾아주지 않고, 자식 스스로에게 맡기는 것이지요. 국가의 일로 말하면, 국가가 주도권을 상당 부분 민간에게 넘겨주는 것입니다. 통치자가 국민에게 일일이 지시하거나 참견하지 않고, 백성의 자발성이 발휘되도록 최대한 자율성을 보장하는 일이지요. 이렇게 되면 나중에 성공했을 때, 자식들이 자신의 성공을 모두 부모의 덕으로 돌리지 않고 자신의 힘으로 일군 것이라고 생각하게 됩니다. 마찬가지로 나라가 잘되어도 백성이 이것을 통치자의 덕으로 돌리지 않고 모두 백성 스스로 한 것이라고 자부합니다. 그래서 노자는 바로 이어서 다음과 같이 말합니다.

功成事遂

공이 이루어지고 일이 마무리되어도

百姓皆謂我自然

백성은 모두 "우리는 원래부터 이랬어!"라고 하는구나.

이른 나이에 크게 성공을 거둔 젊은이들이 TV에 나와 하는 이야기를 들어보면 외국 젊은이와 우리 젊은이들 사이에 조금 차이가 있음을 발견할 수 있습니다. 외국 젊은이들은 보통 자신이 무엇을 하다가 이 분야에 관심을 갖게 됐는지, 왜 이것을 재미있게 느꼈는지를 주로 밝힙니다. 그런데 한국 젊은이들은 성공의 비결에 꼭 부모님이 들어갑니다. 부모님 덕분에 이 자리에 이르게 됐다는 것이지요. 물론 아름다운 풍경이지만 오로지 자신의 힘으로 성공을 이뤘다는 자부심이 아쉽더란 말이에요.

저는 우리 사회가 성공한 사람이 떳떳하게 "내가 이루었다"고 자랑할 수 있는 방향으로 갔으면 합니다. 그렇게 하더라도 부모 자식 관계에는 전혀 문제가 없습니다. 물론 이 과정에 부모의 노고가 어찌 없을 수 있겠습니까마는 성공의 자부심을 자식에게 돌려줄 수 있어야 합니다.

부모가 자식을 걱정하는 것은 부모 스스로가 정해 놓은 기준에 자식이 맞지 않을까 봐 그런 경우가 대부분입니다. 그런데 그 가치 기준은 부모의 것일 뿐만 아니라 지난 시대의 것인 경우가 많습니다. 어쨌든 자기 가치관대로 자식을 키워서 성공을 시켰다고 합시다. 자식이 '부모가 시킨 대로 해서 잘됐다'고 생각하는 게 좋아 보입니까? 글쎄요. 저는 그렇게 생각하지 않습니다.

자식을 믿고 기다리면 설령 부모 기준에는 맞지 않을지 몰라도 자식이 스스로 새로운 기준을 만들면서 성장합니다. 이런 성장들이 모인 가정이 튼튼합니다. 이런 성장들이 모인 나라가 부강합니다. 속 좁은 통치자는 백성들을 잘살게 해줬더니 그 공도 모르고 저희들이 잘나서 그렇게 됐다고 말한다며 괘씸해하겠지요. 하지만 속 좁은 통치자는 결코 성공한 백성을 만들어내지 못합니다.

'선善'이라는 이름의
모순

도가의 기본 핵심은 정부가 주도권을 모두 가지려 하지 말고, 민간으로 대폭 내려 보내라는 겁니다. 민간 자율에 맡겨보라는 것이지요. 그런 국가나 그런 정부가 강하다는 겁니다. 이 강함을 이루기 위해서 비중 있게 사용해야 할 방책이 바로 '무위'입니다. '무위'는 결국 가정 안에서는 내 틀 안에 자식을 가두려 하는 것이 아니고, 국가에서는 통치자의 뜻 안에 백성들을 가두려는 것이 아닙니다. 최대한 자신의 가치관을 약화시켜서 자식이나 백성의 자율성을 보장해주는 것이죠. 자식들을 내 가치관에 따라 봐야 하는 대로 보지 않고, 보여지는 대로 보는 것입니다. 백성을 내 이념을 기준으로 해서 봐야 하는 대로 보는 것이 아니라, 보여지는 대로 보는 것입니다.

보여지는 대로 보고 반응할 수 있다는 것은 '무위'를 실천할 수 있다는 것이고, '무위'를 실천할 수 있다는 것은 바로 이 세계가 특정한 '본질' 위에 서 있지 않고, 대립면의 공존으로 되어 있음을 체득했다는 것입니다. 유무상생, 즉 '도'를 체득했다는 것이죠.

그런데 대부분의 사람들은 이런 대립면의 공존이라는 원리를 잘 이해하지 못합니다. 있는 것은 있는 것이고, 없는 것은 없는 것이라고 분리해서 보는 데에 익숙하기 때문입니다. 달은 달이고, 태양은 태양인 것이죠. 달이 태양의 손님으로, 태양은 또 달의 손님으로 있듯이 대립면이 하나의 사건으로 공존한다는 것을 이해하는 일은 쉽지 않습니다. 그래서 원래 어리석은 사람들은 이런 이치를 들으면 무슨 소리냐고 비웃어버리지요. 노자는 어리석은 사람들이 비웃지 않으면 오히려 '도'가 아니라고까지 말합니다. 이보다 조금 나은 중간 단계의 선비는 그래도 반신반의합니다. 오직 상급의 선비 정도가 되어야 이런 이치를 알아듣고 착실히 실천하는 것이죠. 이런 이치를 이해하는 일이 일반적인 인식 능력으로는 쉽지 않다고 노자는 말합니다. 이는 《도덕경》 제41장에 다음과 같이 기록되어 있습니다.

上士聞道 勤而行之

가장 높은 단계의 선비는 도를 들으면 그것을 성실하게 실천하지만

中士聞道 若存若亡

중간 단계의 선비는 도를 들으면 반신반의한다.

下士聞道 大笑之

가장 낮은 단계의 선비는 도를 듣고서도 그것을 크게 비웃어버린다.

不笑不足以爲道

그런 부류가 비웃지 않는다면 오히려 도라 하기 어려울 것이다.

대립면의 공존을 세계의 운행 원칙으로 받아들이고, 그것을 체득하여 실천하는 사람들은 어느 하나의 특징으로 제한되지 않습니다. 우리는 보통 자기 입으로 스스로의 '선'을 말하는 사람들을 어렵지 않게 봅니다. "나는 진실된 사람이에요", "나의 선함으로 이 사회를 더욱 선하게 만들고 싶어요" 같은 말을 자기 입으로 자주 혹은 강하게 말하는 사람들입니다. 그들은 스스로 정한 '진실'과 스스로 만든 '선함'의 틀을 고집하면서, 그 고정된 '진실'과 '선'을 기준으로 얼마나 많은 폭력을 행사하는지는 잘 모릅니다. 자기 기준이 된 '진실'과 '선'으로 상대방을 재단하고 사회를 평가하는 일부터도 이미 폭력이지요. 아무리 '진실'하고 '선'한 일을 추구한다고 할지라도, 그것을 기

준으로 타인을 평가하는 한 그것은 구분하고 배제하고 억압하는 기능을 하는 것으로 전락하지 않을 수 없습니다. 반면에 대립면의 긴장을 내재화한 사람은 특정한 한 방향으로 내달리지 않지요. 그런 사람에게서는 '진실'도 '선'도 모두 대립면과의 긴장 속에서 작동되면서 더욱더 큰 탄성을 가지게 됩니다. 그래서 노자는 뒤이어 말합니다.

明道若昧

밝은 길은 어둑한 듯하고

進道若退

앞으로 나아가는 길은 물러나는 듯하며

夷道若纇

평평한 길은 울퉁불퉁한 듯하고

上德若谷

가장 훌륭한 덕은 계곡과 같으며

大白若辱

정말 깨끗한 것은 더러운 듯하고

廣德若不足

정말 넓은 덕은 부족한 듯하며

建德若偸

건실한 덕은 게으른 듯하고

質眞若偸

정말 참된 것은 변질된 듯하다.

스스로 착하다하고 착함을 계속 추구하는 이들에게는 그 착함이 자기의 기준이 되고 권력이 됩니다. 그 착함으로 인해 폭력을 행사하거나 판단에 실수를 하는 경우가 많습니다. 밝은 길은 항상 어두운 듯할 때 진정한 밝은 길이고, 나아가는 길이 나아가기만 한다면 계속 나아갈 수 없습니다. 진정으로 나아가는 사람은 약간 물러서는 것처럼 하면서 대립면과의 긴장을 이탈하지 않습니다. 진정으로 건실한 사람은 아주 건실하려고 하는 태도만을 고수하지 않고 약간 게으른 것처럼 보일 때도 있음으로써 진정한 건실함을 이루지요.

노자는 여기서도 반대되는 것들이 공존하고 있음을 강조합니다. 아름다운 덕목도 그 배후의 어두운 면과 함께 공존하며 가는 것임을 힘주어 말하고 있어요. 그렇다면 노자는 왜 대립면의 공존을 계속 강조할까요? 대립면의 공존을 강조해야 보편적 이념의 성립을 차단할 수 있기 때문입니다. 대립면이 공존할 때는 어떤 특정한 가치가 우월한 지위를 가질 수 없어요. 노자가 대립면의 공존을 '무위'를 실천하는 기반으로 항상 강조하는 이유입니다.

여기서 우리는 도가사상의 또 다른 거목 장자의 얘기를 들어볼 필요가 있습니다. 장자는 대립면의 공존을 체득한 사람 혹은 득도를 이른 사람을 '대인大人'이라고 표현하는데, 이런 사람은 다음과 같다고 합니다. "남을 해치는 짓을 하지는 않으나 인은仁恩을 베푸는 모습도 대단하다고 여기지 않습니다. 이익을 위해 움직이지는 않지만, 이익을 위해 일하는 문지기나 노예를 천하다고 하지도 않습니다. 재물을 다투지는 않지만, 그렇다고 남에게 양보하는 일을 훌륭하다고 치켜 세우지도 않습니다. 남의 힘을 빌리지도 않지만, 그렇다고 스스로의 힘으로 살아가는 일을 훌륭하게 여기지도 않으며, 탐욕을 천한 것으로 치부하지도 않습니다. 그 행동은 세속 사람들과 다르지만, 그렇다고 남과 특별히 다른 것이라고 높이지도 않습니다. 그 행동은 뭇사람과 함께하지만, 그렇다고 아첨을 천한 것으로 여기지도 않습니다."

問

세상을 보여지는 대로 보고 자기가 하고 싶은 것을 찾아 표현하라는 말씀을 인상 깊게 들었습니다. 그런데 최근 우리 사회 자살률이 상당히 높아졌고, SNS에 '죽고 싶다'고 표현하는 건수도 가장 많다고 합니다. 보여지는 대로 보지 않고 봐야 하는 대로 봐서 그런 걸까요? 노자가 현재 한국 사회를 본다면 어떻게 말했을지 궁금합니다.

答

제가 자살을 특별히 연구하지는 않았지만 개인적으로 볼 때 자살하는 이유는 '자신이 더 이상 가치가 없다'는 느낌 때문인 것 같습니다. 현재의 상태로 살아가는 게 의미가 없다는 생각 때문이라고 봐요.

그러면 왜 자기가 하찮게 느껴질까요? 그것은 스스로를 자기의 눈으로 보지 않고 외부의 어떤 가치에 의해 보기 때문에 그렇습니다.

자, 어떤 학생이 성적을 비관해 목숨을 끊었다고 합시다. 공부를 못하는 자신은 살 이유가 없다고 생각했겠지요. 공부라는 거대한 가치 기준에서 봤을 때 자기가 너무 하찮게 보인 겁니다. 스스로 내적 생명력을 기반으로 해서 자신을 판단하는 것이 아니라, 보편적인 어떤 가치 기준 아래에서 자신을 보았기 때문이지요. 노자가 보편적인 기준을 제거하라고 한 말은 개별적 존재들에게 사는 맛을 가지게 하라는 의미입니다.

노자가 한국 사회의 높은 자살률을 본다면 이렇게 진단할 것 같습니다. '이곳은 가치 기준이 대단히 분명한 사회로구나. 가치 기준이 획일화되어 있구나.'

살기 좋은 나라와 그렇지 않은 나라의 구분은 자기가 현실적으로 성취해내야 하는 기준이 많으냐 적으냐에 달려 있습니다. 다양한 영역에 영웅들이 존재하는 사회는 살기 좋은 사회입니다. 반대로 특정 영역에서만 영웅이 나온다면 살기 좋은 나라가 아니지요.

달리 말해 자살하는 사람이 많다는 것은 보편적 기준이 무척 강하고, 또 그 기준이 획일화되어 있다는 뜻입니다. 그 기준에 비추어 부족하지 않을 사람이 거의 없을 거예요. 자괴감이 극단으로 치달으면 자기 존재의 의미 자체가 허물어질 수밖에 없습니다. 짐작건대 노자는 "가치 기준과 이념을 약화시키고 네 안으로 돌아가라"고 조언했을 성싶습니다.

길가에 돌맹이 하나도 존재 이유와 가치가 있는데 하물며 사람이 어떻게 가치가 없고 사는 이유가 없겠습니까. 그 가치와 이유가 스스로에게 존중받지 못하는 것은, 판단 기준이 자신이 아닌 자신의 외부에 있기 때문이라고 저는 생각합니다.

10강
—
‘고유명사’로 살아간다는 것

자기로부터의
혁명

앞에서 '무위'란 보편적 이념이나 가치를 벗어나 그것을 밟고 선 자아의 자발적 활동성이라고 설명했습니다. 노자나 장자 사상의 내용으로 볼 때, 그것이 어떤 집단적 규제, 보편적 이념을 무력화시키려는 시도를 왕왕 보여주기 때문에 이들에게 동의한다 하면 개인주의적이라거나 사회에 무관심하다거나 좀 보태 말해 이 세상을 벗어나려고 하는 사람으로 간주하는 경향이 있었습니다. 사회성이 부족한 사람이라거나 사회엔 관심이 없고 오로지 자기한테만 관심이 있는 사람이라는 오해도 많이 받았지요. 하지만 실상은 결코 그렇지 않습니다.

　이번 장에서는 그런 오해의 요소를 안고 있음에도 불구하고 도가적 사유에 이른 사람들이 어떻게 사회적 책임자가 될 수 있는지를 살펴볼까 합니다. 이는 노자 사상이 사회 속에서 실질적으로 어떻게 기능할 것인가 하는 문제와도 닿아 있습니다.

초기 도가의 한 사람인 양주楊朱라는 철학자 이야기로 문을 열어보지요. 양주는 맹자로부터 '위아爲我', 즉 자신만을 위하려 한다고 맹비난을 받은 사람입니다. '위아'란 고대 중국식 표현인데 이기주의와 비슷한 뜻으로 쓰였어요. 맹자는 이렇게 일갈합니다. "양주는 위아를 취했다. 자기 몸에 있는 털 한 올을 뽑아 세상이 평화로워진다 하더라도 그렇게 하지 않는다."

이 정도라면 이기주의자들 가운데서도 단연 최고가 아니겠습니까? 우리 몸에 털이 얼마나 많습니까. 그중 한 올만 뽑아주면 천하가 잘 다스려진다 하는데도 뽑지 않는다는 겁니다. 그러니 극단적인 이기주의자라 해도 변명의 여지가 없을 정도입니다. 맹자는 왜 이렇게까지 양주를 몰아붙였을까요? 맹자는 양주가 말하는 위아설爲我說에 대해 무군야無君也, 즉 '군주가 없다'고 말합니다. 군주가 주도권을 가지는 시스템이 성립할 수 없다고 비판한 것이지요.

그렇다면 양주는 왜 '위아'를 주장했을까요? 양주는 이야기하는 방식으로 자신의 주장을 펼치면서 털 한 올과 천하를 대비시켰습니다.《열자》〈양주〉에서 양주는 이렇게 이야기하고 있습니다.

"사람들마다 다 털 한 올을 뽑으려 하지 않고 사람들마다 다 천하를 이롭게 하려고 하지 않으면 천하는 다스려진다. 천하가 다스려지지 않는 이유는 사람들이 다 천하를 위하기 때문이다."

이 말에 금자禽子라는 사람이 양주에게 따져 묻습니다.

"선생은 털 한 올을 뽑아서 천하가 이롭게 된다고 하더라도 털을 뽑지 않는다 했는데 털 한 올을 뽑으면 천하가 진짜 이롭게 됩니까?"

질문의 수준이 이 정도가 되면 대화하고 싶은 의욕이 확 사라질 수 있겠죠. 그래서 그랬던지, 양주는 금자의 말에 대꾸를 하지 않았습니다. 분위기가 어색해졌다고 느꼈던 모양입니다. 여기서 양주의 제자 맹손양孟孫陽이 나서지요.

"선생님, 털 한 올이 진짜 털 한 올을 가리키는 것은 아니지 않습니까?"

양주는 답합니다.

"당연한지고. 털 한 올로 어떻게 천하를 이롭게 하겠느냐? 저런 질문을 하는 놈이 답답할 따름이지."

친절한 맹손양이 부연 질문을 합니다.

"털 한 올이라 함은 인간의 몸을 가리키는 것이 아닙니까?"

양주는 고개를 끄덕입니다.

이 일화와 양주의 다른 여러 가지 말을 종합해볼 때 그가 말한 '털 한 올'은 '몸(신체)'을 의미합니다. 양주의 표현을 좀 더 세련되게 읽으면, 그는 신체와 천하를 대비시킨다고 볼 수 있습니다. 그 이유는 무엇일까요? 신체는 만질 수 있습니다. 구체적이지요. 반면 천하라는 것은 관념이에요. 추상적인 이념의 구조물이며 그 이념을 실현하는 하나의 조직이라는 게 양주의 생각이었습니다. 하지만 '실재'는 이념의 조직이 아니라는 것이었지요. 양주는 이런 말도 합니다. "개념에는 실재가 없고 실재에는 개념이 없다. 개념은 조작된 것, 만들어진 것이다."

통치 혹은 정치는 어떠해야 합니까. 항상 구체적으로 존재하는 실재, 현실, 실제 세계를 반영해야 합니다. 양주는 천하를 위한다는 정치가 실제 구체적인 현실을 반영하고 있는지 묻습니다. 이념을 반영하거나 이념을 실현하려고 하는 건 아닌지 묻습니다. 실재의 세계가 고정된 이념에 휘둘리고 있는 것은 아닌지 되묻습니다.

작금의 한국 정치에서 많이 보이는 모습이지요? 양주는 실재와 이념의 괴리가 정치 혼란에 가장 중요한 요인임을 간파합니다. 실재가 이념을 생산하지 않고 이념이 실재를 지배하려 드는 것이 정치 현실에서 가장 큰 모순이라 보는 거예요. 노자는 《도덕경》제13장에서 다음과 같이 말합니다. "자신을 천하만큼 귀하게 생각하는 사람에게 천하를 맡길 수 있고 자기를 천하만큼 사랑하는 사람에게 천하를 줄 수 있다[故貴以身爲天下 若可寄天下 愛以身爲天下 若可託天下]."

정치인들은 보통 어떻게 말합니까? 이 한 몸 불살라 조국과 민족을 위해 바치겠다고 하지요? 그런데 그런 정치인 중 조국과 민족을 위해 진정으로 헌신하는 사람을 본 적이 있던가요? 최소한 지금의 정치권에는 있지 않습니다.

노자에 따르면 '천하를 위한다는 사람'은 구체적인 실재로부터 유리된 사람입니다. 천하라는 것은 개념이기 때문이지요. 따라서 그런 사람은 믿을 수 없다고 노자는 말합니다. 이런 사람들은 이념의 등을 타고 핏발 선 주장을 해대면서 세계를 전진시키기보다는 멈추어 서게 만들어버린다는 것이죠.

이해를 돕기 위해 함석헌 선생의 이야기를 빌려볼까 합니다. 우리는 서양에서 들어온 철학의 훈련을 많이 받았기 때문에 함석헌 선생 같은 사상가를 철학자의 범주에 넣기를 상당히 주저합니다. 그런데 함석헌 선생은 우리나라에서 주의 깊게 연구해야 할 매우 독특한 사상가이자 철학자입니다. 서양에서 말하는 철학적 논리와는 다소 거리가 있을 수 있겠지요. 하지만 한국적 토양에서 이런 독특한 사상가가 나왔다는 사실은 정말이지 자랑스럽게 생각해야 합니다.

우리나라는 세계적으로 유래를 찾을 수 없는 학생운동의 역사를 가지고 있지요. 학생운동의 영웅이 대거 배출됐고 그 영웅들이 구체적인 정치 현실에 수혈됐어요. 학생들이 학생운동을 통해 정권을 바꾸고 정권의 안정에까지 영향을 미쳤습니다. 그 학생들이 정권을 흔들 정도로 큰 영향력을 행사할 때 그들은 무엇으로 무장했을까요? 바로 정의와 도덕입니다.

그렇다면 정의와 도덕을 동력으로 하는 대단한 학생운동의 역사를 가졌는데 그 학생운동의 영웅들이나 구성원들이 사회에 나간 후에 한국 사회의 정의와 도덕의 절대량이 그만큼 증가했습니까? 아니면 정의와 도덕이 질적으로 훨씬 향상되었습니까? 그렇지 않습니다. 학생운동을 통해 우리 사회가 대폭 진보한 것은 사실이지만, 그것을 혁명의 완수라고 말할 수는 없겠습니다. 함석헌 선생은 이렇게 이야기합니다. "왜 혁명이 이루어지지 못하는가? 왜 완수가 되지 못하는가? 그것은 혁명을 하는 혁명가들 스스로 혁명되지 않았기 때문이다."

혁명가라고 자처하던 대부분의 운동가들이 사실 자기 자신은 혁명시키지 않은 채, 사회의 혁명만 부르짖었기 때문입니다. 자기는 교육되지 않았으면서, 사회와 타인에 대해서는 가르치려고 들었기 때문입니다. 자기는 계몽되지 않았으면서, 조국과 민족을 계몽시키려 덤볐기 때문입니다. 이것을 개괄해서 말하면, 자신은 혁명되지 않은 채 혁명이라는 이념을 수행한 것뿐이었죠. 이렇게도 물을 수 있을 겁니다. "당신은 혁명을 했는가? 아니면 혁명이라는 학습된 이념을 실천했는가?"

그래서 함석헌 선생은 '자기로부터의 혁명'을 말합니다. 자기로부터의 혁명이 없는, 자기가 혁명되지 않은 혁명은 성공할 수 없다고 본 것이지요. 예를 들어봅시다. 사회 민주화를 위해서는 목숨도 내놓을 사람들이 집안의 민주화에는 매우 서툽니다. 조국의 민주화를 위해서는 몸까지 불살라도 가정의 민주화를 위해서 움직이지 않습니다. 가난한 나라에 봉사활동은 가도 내 아버지 어머니의 대소변 수발은 힘들어 합니다.

의외로 사람들에게 '거대한 것'은 그다지 어렵지 않아요. 작고 구체적인 것이 어렵습니다. 거대한 이념의 틀 속에서 승리를 일구는 영웅들이 오히려 일상에서 좌절하고 일상에서 패배합니다. 이유가 뭘까요. '거대한 것'은 대개 이념의 구조물이거든요. 실제로 존재하는 것이 아닙니다. 실제로 존재하는 것은 바로 이념이 아니라 일상이지요. 이 세계에서 인간의 인격과 동력이 진정으로 나타나는 곳은 구체적인 일상이에요. 세계 평화와 자유를 위해서는 책을 열 권이라도 쓸 수 있는 내용을 가지고 있지만, 가정의 자유와 평화 혹은 자신의 자유와 평화에 대해서는 쓸 말이 그렇게 많이 준비되어 있지 못할 겁니다. 우리는 흔히 자유와 평화는 큰 이념을 위해 존재한다고 착각합니다. 하지만 자유와 평화는 바로 자기 삶을 위해 존재해야 하지요. 모든 이념은 구체적인 실재에서 생산되고 실재의 세계를 위해 봉사하는 것이지만, 이것이 전도되어 오히려 그것들이 실재를 지배해버리려고 덤빕니다.

삶은 결국
'내 몸'에 있다

양주나 노자의 위아론은 진정한 덕성, 진정한 힘, 진정한 자유, 진정한 활동의 원천과 귀착점이 바로 각자의 몸이라고 강조합니다. 천하나 보편적 세계는 이차적이지요. 그러면서 일차적인 것에 집중하는 사람을 훨씬 더 진실한 인격으로 묘사합니다. 이 진실한 인격이 발휘하는 덕성이 진정한 힘을 발휘할 수 있다는 거지요. 그래서 자기를 사랑하는 사람, 자기에게 집중하는 사람이 진정 힘 있는 자라고 이릅니다. 그러니 자기를 천하만큼 사랑하는 사람만이 천하를 가질 자격이 있다는 거예요. 자기를 천하만큼 귀하게 여기는 사람이 천하를 맡을 수 있다는 겁니다. 이런 사람은 이념의 가공적인 구조물을 따르기보다는 직접 세계와 독립적인 접촉을 시도할 수 있습니다. 그래서 그 시대의 적확한 문제를 포착하고, 가장 효율적인 방책을 낼 수 있겠지요. 자기를 관리하는 데 실패하는 사람에게 절대 천하를 맡길 수 없는 이유가 여기에 있습니다.

위아론은 보편적 이념과 가치 체계로 삶을 지배하려 하지 말 것이며 삶은 내 몸뚱이가 느껴지는 '여기'에 있다고 가르칩니다. 자기를 위한다 함은 천하와 대립하거나 천하를 초월하기 위해 속세를 떠나라는 것이 아닙니다. 천하를 더 건강하게 만들고 세계를 진정한 행복의 공간으로 만들기 위해 자기의 실제 존재성과 생명력, 자발성을 만들어낼 수 있어야 한다는 뜻이에요. 사회는 이런 '자기'들로 구성되어야 하며, 그래야 행복한 사회가 된다는 겁니다.

흔히 조국을 위한다고 하는 일이 정작은 그렇지 못한 경우가 많습니다. 조국을 위한다고 하면서 취하는 방법은 아마 이미 있는 시스템이나 이념적 지평 하에서 만드는 경우가 많죠. 그래서 대부분 강직한 어떤 기준만 갖고 설치게 되는 것입니다. 조국은 전진해야 할 것입니다. 전진하려면 변화의 흐름을 타야 되겠지요. 그런데 조국을 위한다는 그 명분들이 대부분 이미 있는 이념을 기반으로 만들어졌다면, 조국을 전진시키기보다는 정체시킬 가능성이 더 크죠.

지금 우리나라에서 벌어지는 거의 대부분의 정치적 논쟁이 다 이렇지 않습니까? 조국을 위해 봉사하고 헌신한다는 명분으로 조국의 전진을 막고 있습니다. 이런 방법으로는 조국을 위하려는 목적을 달성할 수 없습니다. 각자가 자신에게 집중하는 삶을 영위하는 것이 오히려 결과적으로는 조국을 위하는 길임을 알아야 합니다. 조국을 위해 무슨 일을 한다고 덤빌 때, 대부분은 조국만을 말하고 자신은 과감히 희생시킵니다. 조국을 위해 '이 한 몸 불사른다'는 것이죠. 그런데 애석하게도 여기에는 모든 진실의 근거, 모든 역동적인 힘의 원천, 삶의 확인처로서의 '자기'가 빠져 있습니다. 자신의 욕망이 관여되어 있지 않다는 것입니다.

자기 욕망이 거세되면 자기의 독립적인 충동이 발생하지 않아요. 그러면 오래 지속할 수도 없고 창의성은 더더군다나 발휘할 수 없습니다. 철저히 자신에게 집중해서 스스로 자기 자신을 사회의 책임자로 등장시킬 때 사회에 대한 공헌은 비로소 시작될 수 있습니다. 윤리의 문제도 자기 자신을 윤리의 책임자로 등장시킬 수 있어야만 사회도 윤리적 사회가 되는 겁니다. 정해진 틀로 윤리적 사회를 정해 놓고 그 안에서 일률적으로 재단하는 방식으로는 윤리적 개인을 만들어낼 수 없습니다.

뇌물을 예로 들어볼까요? 모두 나쁜 일이라고 하면서도 왜 뇌물을 주고받는 일이 끊이질 않을까요? 뇌물을 방지하려는 규정은 해가 갈수록 정교하고 치밀해지지만 뇌물 주고받는 행위는 근절되지 않고 오히려 늘어만 갑니다. 규정이 어느 정도 역할을 할 수는 있지만 근본적인 해결책이 되지 못한다는 사실은 분명해 보입니다.

분명히 뇌물을 거부할 수 있는 힘은 규정을 준수하려는 마음에서 나오지 않고, 자신에 대한 존엄감, 자기 삶에 대한 자부심 혹은 자존심에 의해서만 나올 수 있습니다. 이 뇌물이 아무리 크더라도 이것이 나의 자존을 해친다는 생각을 하거나 내 자부심과 자존심에 상처를 내기 싫어하는 사람한테서만 뇌물은 거절될 수 있습니다. 윤리적 사회도 결국 온전한 자기로 살겠다는 자발적이고 독립적인 자존감에 의해서 실현되는 것이지, 윤리적 사회를 건설하자는 구호나 규정이 만들 수 있는 것은 아닙니다. 그래서 자기가 자기로 존재하지 못하는 사회에서는 부패가 만연할 수밖에 없습니다. 자기가 윤리적 책임자가 아니어서 그래요. 뇌물을 받지만 '자기'가 받는다는 생각을 하지 않는 겁니다.

윤리적 규정이 많다고 그 사회가 윤리적인 사회가 되겠습니까. 천만의 말씀이지요. 각자가 자기의 주인일 때에만 사람은 자기의 존엄을 진정으로 가치 있다고 생각합니다. 이를 통해 윤리의 능동적 주체로 성장하는 것입니다.

이런 노자의 꿈은 어떤 환경 속에서 이루어질 수 있을까요? 노자는 집단적 이념을 만들어 놓고 개인을 거기에 통합해내려는 조직은 약해질 수밖에 없다고 봤습니다. 반대로 자발적 개인들이 각자의 자발성을 발휘하여 자율적 통합을 이루어내는 조직이나 집단이 강하다고 본 거지요. 좀 쉽게 말하자면 '톱다운top-down'이 아니라 '바텀업bottom-up' 방식이 되어야 한다는 주장입니다. 밑에서부터 힘이 나와야 진정으로 강해질 수 있다는 겁니다.

그렇다면 밑에서부터 힘이 나오는 정치 환경은 어떤 상태일까요? 노자는 그런 상태를 '소국과민小國寡民'이라 이릅니다. 나라를 작은 단위로 쪼개서 관리하라는 것입니다. 규모는 작고 백성의 수는 적어야 한답니다. 달리 말해 지방분권 시스템이지요.

노자가《도덕경》제80장에서 하는 말을 들어보지요.

使有什伯人之器而不用
많은 도구가 있더라도 쓸 일이 없게 하고
使民重死而不遠徙
백성으로 하여금 죽음을 중히 생각하여 멀리 가지 않도록 한다.

도구가 많아졌다는 것은 사회가 커지고 처리해야 할 일들이 매우 많아졌다는 뜻이죠. 여기서 말하는 도구에는 무기도 포함됩니다. 도구는 대개 사람을 대신하는 역할을 합니다. 국가나 사회가 문화적으로 분화되어 많은 도구가 필요하다는 것은 국가나 사회가 가지고 있는 가치나 이념을 확장해야 할 필요성이 매우 커졌다는 것을 의미합니다. 달리 말하면 이런 도구들은 외부로 확장하려는 욕구를 가장 잘 표현하는 것들이죠. 나라를 작게 하고 백성의 수를 적게 유지하는 나라에서는 굳이 외부로 향하는 욕구에 사로잡힐 필요가 없게 됩니다. 이런 도구가 필요 없게 되지요.

노자의 말은 구성원이 아주 적었던 원시 공동체로 돌아가자는 것이 아닙니다. 나라를 작은 규모로 유지하면 사람과 사람 사이에 익명성이 사라지고 서로 직접적으로 접촉하게 되어, 인간에게 원래 있는 자연적 내재성이 훨씬 더 잘 보장될 수 있다는 말입니다.

자연적 내재성이 더 잘 유지되는 사회에서는 외부로 치닫는 이념의 원심력에 자신을 맡기지 않습니다. 죽고 사는 일은 우리가 태어날 때부터 내재화된 가장 크고 원초적이며 가장 자연적인 사건입니다. 그러나 만일 인위적으로 설정되어 이상으로 간주되는 이념이나 신념 혹은 가치 기준을 숭배하고 그것을 충실히 수행해야 하는 억압 구조 속에 갇혀버리면 본래의 자연성 같은 것은 하찮게 여겨지게 되죠. 이제 인위적 가치를 훨씬 무겁게 받아들입니다. 이런 구조 속에서는 죽음도 가벼이 여길 수밖에 없습니다. 이념의 숭고함이 죽음을 가볍게 보도록 강요하기 때문입니다.

그런데 노자는 여기서 죽음과도 바꿀 수 있는 꿈을 포기하라고 말하는 것은 아닙니다. 인위적 가치와 기준에 매몰되어 우리에게 내재적으로 부여된 진정한 가치도 모른 채, 무조건 외부로만 치달아 달리는 맹목성을 비판하고 있는 것입니다. 죽음을 가벼이 여기게 만드는 국가라면 이미 근본적으로 심각한 문제가 있을 수밖에 없습니다. 목숨을 지푸라기처럼 버려야 하는 국가는 이미 정상적인 운영을 기대하기 힘든 상태일 것입니다. 그러니 노자는 생사를 중히 여기는 정서가 우선시 되는 사회를 만들자는 것이죠. 결국 자신을 소중히 여길 수 있는 사회가 건강한 사회라는 것입니다.

자신을 소중히 여기는 사회 시스템은 표준화보다는 각자의 특성에, 이념보다는 구체적 실재에 집중할 수밖에 없을 것입니다. 이런 내용을 함축하여 노자는 "사람들로 하여금 결승문자를 회복하여 쓰게 하자[使人復結繩而用之]"고 말합니다.

중국의 초기 문자는 새끼줄을 꼬아 만든 결승문자結繩文字였습니다. 그다음에 손으로 새기거나 쓰는 글자가 등장하지요. 글자가 표준화되는 과정이 시작됩니다. 그런데 새끼줄로 꼬아서 하고 싶은 말을 표시할 때는 어떻겠습니까. 똑같이 생긴 글자가 하나도 없었을 것입니다. 거기에는 통일적인 의미보다는 지역적인 차이랄지 결승하는 사람이 결승할 때 가지고 있던 정서나 상황 등이 반영되어 있을 가능성이 크죠.

옛날의 짚신과 요즘의 고무신을 생각해봅시다. 손으로 삼는 짚신은 이 세상에 똑같이 생긴 것이라고는 하나도 없을 것입니다. 고무신은 표준화된 형틀을 갖춘 공장에서 찍어내니 다른 것이 하나도 없을 것입니다. 다 똑같습니다. 결승문자를 회복해서 쓰자고 하면서 노자는 개별자들의 차이와 고유한 자발성 등이 소멸되지 않아야 함을 강조합니다.

노자가 살던 당시의 정치적 상황은 점점 거대 국가 시스템으로 이행하는 과정이었는데, 거대국가 시스템은 어쩔 수 없이 표준화의 방향으로 나아갈 수밖에 없습니다. 표준화는 곧 보편화, 이념화를 수반합니다. 그러니 보편적 이념이 기준으로 등장하는 사회 시스템을 부정적으로 보는 노자는 결승문자가 기능하는 사회 시스템을 긍정적으로 말하는 것입니다.

일반명사가 아닌
고유명사로 존재하라

거룩함은 저 멀리 있지 않습니다. 자신이 서 있는 바로 여기가 거룩함이 등장하는 원초적 토양입니다. 이상적인 삶은 저 멀리 있는 곳에 도달하려는 몸부림이 아니라, 바로 여기서부터 출발하는 착실한 발걸음일 뿐입니다. 저 먼 곳에 인위적으로 걸어 놓은 기준을 추종하지 말고, 바로 지금 여기에 있는 자기 자신에 집중해야 합니다.

자신의 자발성에 집중하지 않는 사람은 항상 시선이 외부로 향하게 되어 있습니다. 그래서 기준이나 이념을 외부에서 수입하여 사용할 줄만 압니다. 좋은 것은 항상 저기에 있고, 나를 넘어선 곳에 있다고 생각할 테니까요. 이 점을 의식하고 노자는 "당신이 먹는 바로 그 음식을 맛있어하세요[甘其食]"라고 말합니다.

활동성이 자신에게서 출발하지 않고 외부로부터의 촉발에서 비롯되는 삶 속에서는 자기 것이 좋아 보일 리 없고, 스스로의 것에 자부심을 느끼기 어렵습니다. 그러니 먹는 것도 외부의 것이 더 맛있게 느껴지는 것이죠. 손님을 대접한다고 할 때는 한식집보다 이탈리아 레스토랑이나 프렌치 레스토랑에서 와인이라도 한 병 정도 따야 제대로 대접했다고 생각하게 됩니다. 스스로 '외화外化'되는 것이죠. 자기 삶이 다 밖으로 뛰쳐나가 버립니다.

지금 누군가 고급 레스토랑을 열었다고 칩시다. 간판을 달 때 한국말로 하겠습니까, 불어나 영어로 하겠습니까. 이탈리아 말이나 스페인 말로도 합니다. 한글만 아니면 됩니다. 지금 대중가요 시장을 주도하는 아이돌 가수들이 예명을 가지고 활동하는데, 대부분 영어 일색입니다. 대중의 감정과 소통하는 것을 직업으로 하는 가수들마저 영어 이름을 쓰면서 한국의 정서를 표현하는 것이죠. 노래 안에도 영어 몇 소절은 꼭 넣어야 합니다. 왜 그럴까요? 그래야 고급스럽고 세련되어 보이기 때문입니다. 정확히 말하면 세련과 고급스러움을 스스로 형성해야겠다고 하는 내적 의지보다, 외부에 있는 것에 결탁해서 편승하거나 추종하려는 의지가 강하기 때문입니다.

간판이나 이름에는 모두 자신들의 꿈을 담습니다. 그리고 나아가고자 하는 이상을 담지요. 그런데 우리나라 간판 중 한글 간판이 얼마나 있습니까? 아파트에서 동네 슈퍼까지 온통 외국어 일색입니다. 시골 동네의 조그만 연립주택에도 그 동네 사람들이 이해하지 못하는 외국어 이름을 달아 놓았습니다. 그런데 더 중요한 것은 이렇게 행동하면서도 그것이 얼마나 어색한 일인지를 자각하는 능력 자체가 없어져 버렸다는 것입니다. 자기 스스로를 각성하는 힘이 사라져 버린 것이죠. 나의 가치가 나에게서 실현되지 않고, 저 멀리 있는 외부의 것에 편승해서라야 실현된다고밖에 생각하지 못하게 된 이 상황, 내가 사라져버린 이 상황, 그런데 이런 상황이 전혀 부끄럽게 의식되지 않을 정도로 망가져버린 이 초라함.

자기 삶의 양식이 자기로부터 나오지 않은 삶, 세계와 관계하는 방식이 자기로부터 나오지 않은 삶, 자기 나라를 운영하는 방식이 자기로부터 나오지 않은 삶은 결코 정상일 수 없습니다. 자발적이지 않은 것에는 생명력이 없습니다. 그래서 효율적인 발전을 기대하기 어렵게 됩니다.

노자는 더 나아가 "개 짖는 소리나 닭 우는 소리가 들릴 정도로 가까워도, 백성들은 늙어 죽을 때까지 서로 왕래하지 않는다[鷄犬之聲相聞 民至老死 不相往來]"고 말합니다. 나라가 이 정도로 작게 운영되고 또 그 작은 나라에 사는 백성들은 서로 왕래하지 않을 정도로 각자 자신들의 삶 속에서 자족한다는 뜻이겠죠.

이는 문을 걸어 잠그고 폐쇄적으로 살라는 뜻이 아닙니다. 자기가 가지고 있는 것에 먼저 집중하라는 의미예요. 천하보다 내게, 세계보다 우리나라에, 보편 문화보다 내 문화에 집중하라는 이야기예요. 내 문화에서 나온 것이 보편 문화며, 내 윤리에서 나온 것이 보편 윤리며, 내가 만든 가치가 보편 가치라는 믿음을 가지라는 겁니다. 이미 있는 보편을 끌어와서 섬기지 말고, 자기에서 출발하여 보편을 형성하라는 것이죠.

노자는 이처럼 '자기 자신에게 집중하라'와 '자기로 돌아가라'를 일관되게 강조합니다. 그것은 모두 개별자들의 자발성이 발휘되어 그것이 자율적으로 통합되는 전체를 꿈꾸기 때문일 것입니다. '자기'로 돌아가는 게 무엇일까요? 간단히 말하면 자기 자신을 일반명사 속에 함몰되게 방치하지 말고, 고유명사로 살려내라는 뜻입니다.

우리는 보통 시골의 고향 마을에서는 대체로 함부로 행동하지 않습니다. 왜냐하면 '우리' 속에 숨은 한 사람이 아니라 바로 고유한 자기로 존재하기 때문입니다. 고유명사로 존재하는 것이죠. 좁은 공간 안에서 서로 밀접하게 접촉하기 때문에 익명의 누군가가 아니라 바로 고유한 그 사람으로 노출될 수밖에 없습니다. 제가 시골에 살 때는 지나가다가 어르신을 마주치면 비록 낯이 익지 않더라도 인사부터 합니다. 내가 감춰지지 못하고 직접 노출될 수 있다는 것을 알기 때문입니다. 운전을 하다 어떤 할머니가 짐을 들고 가는 모습을 보면 어디로 가시는지 물어 태워드립니다. 서로 공개되어 있다는 것을 가정하기 때문입니다. 술을 마시고 취해도 함부로 할 수가 없어요. 왜일까요? 누구 집 아들인지 다 알거든요. '자기'로, '고유명사'로 존재하는 겁니다.

이번엔 서울로 와봅시다. 대도시에서 인간은 모두 감춰져 있습니다. 익명성을 가지요. '자기'가 노출되지 않아요. 수많은 사람 가운데 한 명으로 감춰진 채 존재할 뿐입니다.

남자들은 대개 알 텐데 멀쩡한 사람도 예비군복만 입혀 놓으면 이상하게 망가집니다. 왜 그럴까요? 똑같이 제복을 입혀 놓으면 '자기'가 감춰집니다. 도시에 폭력이 많고 몰염치한 행동을 하는 사람들이 많은 이유가 사람이 많아서 사건의 발생 가능성도 자연히 많아지기 때문이기도 하겠지만, 모두 익명성 속에 숨을 수 있다는 것도 하나의 이유가 될 것입니다. 대도시에서의 인간은 '자기' 자신으로, 즉 고유명사로 존재한다기보다는 '일반명사'로 존재할 가능성이 훨씬 크죠.

노자가 '소국과민'을 주장한 것도 사람을 익명적 존재, 일반명사의 일부로 존재하게 하지 말고 고유명사로 존재할 조건을 만들어주라는 뜻에서입니다. 고유한 자기로 살아가는 존재감을 가져야 한다는 뜻입니다. 익명성에 숨어 사는 인간, 보편적 이념 속에 묻혀 사는 인간은 스스로 고유한 존재라는 의식을 갖기가 어렵다는 거지요.

물론 사회의 발전 정도 또는 사회적 조건에 따라, 집단적 이념을 수행해야 성취를 이룰 수 있는 단계도 있습니다. 하지만 지금 우리의 현대는 이미 모든 개별적 존재들이 자기의 자발적인 자존감을 확보하지 않으면 살아 있다는 의식을 갖지 못하는 단계로 진입했어요. 어른들이 젊은 사람을 못마땅해하며 이렇게 비난하지요. "집도 없는 것들이 차부터 산다." 그런데 젊은 사람들은 이렇게 반문하지요. "차도 없는데 어떻게 집을 삽니까?"

양 세대의 가치에는 이처럼 큰 차이가 있습니다. 어른에겐 집이 더 중요하고 젊은이에겐 자동차가 더 중요한 겁니다. 왜냐하면 젊은이들은 자기 욕구 욕망을 실현하는 데 더 집중하거든요. 이렇게 하는 데에는 당연히 집보다 차가 더 필요하지요.

세상의 경향은 '집도 없는 것들이 차를 산다'고 말하는 사람들이 다수를 점하는 상황에서 '차도 없는데 집을 어떻게 사냐'고 말하는 사람들이 점점 더 많아지는 상황으로 바뀌고 있습니다. 지금의 인간들은 모두 다 점점 자기 독립적인 개별성을 확보하려고 무척 노력하지요. 한번 보세요. 회사마다 조직을 하나의 큰 덩어리로 만들어서 운용합니까, 아니면 잘게 쪼개서 운용합니까? 당연히 잘게 쪼개서 운용하는 것이 대세 아닙니까? 이른바 팀제로 운용하는 것이 여기에 해당될 텐데요, 왜 이렇게 단위를 작게 해서 운용할까요? 그것은 작게 쪼개서 운용해야 생산성이 더 높아지기 때문일 것입니다.

왜 이렇게 해야 효율이 높아질까요? 현대인들은 거대한 조직의 일부로 일할 때 자기가 삶을 영위하고 있다는 자존감을 갖지 못합니다. 작은 조직에서 일할 때라야 자신의 일이 바로 자신에게 접촉되는 느낌을 받지요. 거대한 구조 속에 있을 때 자기는 그 구조 속의 자그마한 하나의 나사나 볼트 같은 느낌을 받을 수밖에 없을 것입니다. 그런데 작은 단위 속에서는 자신의 일 자체가 바로 자기 자신에게 직접 접촉되면서 자기가 어떤 전체성에 관여하는 느낌을 받게 됩니다. 이 럴 때, 일하는 이 사람은 바로 자기 자신에 대해서 훨씬 큰 자부심을 갖게 될 것입니다.

이 자부심이 자발성과 자율성을 발휘하게 하면서 매우 큰 책임감을 느끼게 해주죠. 이것이 바로 생산성을 높여주는 배후의 큰 힘이 되는 것입니다. 작은 조직에 있으면 익명성이 약해지고 자신을 고유명사로 여길 가능성이 높아지기 때문입니다. 사회 구성원이 각자 고유명사로 자율적 행복을 누리는 존재가 되도록 만들자는 게 노자의 꿈입니다. 조직이나 국가가 이런 자율적 구성원들로 채워져야 강하다는 것이죠.

당신은 보편적 이념의 수행자입니까, 자기 꿈의 실현자입니까?
당신은 바람직함을 수행하며 삽니까, 바라는 걸 실행하며 삽니까?
당신은 원 오브 뎀one of them입니까, 유일한 자기입니까?

우리는 스스로 내가 이 세상에서 가장 가치 있는 유일한 존재임을 인식해야 합니다. 우리 자녀들이 이런 사실을 자각하도록 도와줘야 합니다. 다음을 기억하십시오.

나는 내 윤리적 행위의 고유한 입법자다.

내 윤리적 삶은 나로부터 나온다.

내 삶의 원동력은 내가 작동시킨다.

나는 일반명사가 아닌 고유명사로 살다 가겠다.

사회가 이런 결심을 가진 사람들의 총합일 때 그 사회가 역동적이고 건강해진다는 게 노자가 오늘날 우리에게 들려주는 지혜입니다.

問

경계에 있는 삶을 살면 실제로 삶이 어떻게 변할지 궁금합니다.

答

　저는 내 행복, 내 가족, 구체적 일상에 좀 더 집중하게 됐다는 점을 꼽고 싶습니다. 거대한 이념을 높이 보지 않고 내가 일상 속에서 어떻게 삶을 구체적으로 잘 영위하는지에 집중했더니 좀 더 행복해지더군요. 만일 제가 거대 이념을 추종했다면 자신이 보잘것없이 느꼈을지도 모르겠습니다. 하지만 저는 스스로 제법 괜찮아 보이거든요. 아들 둘도 잘 키우고 있습니다.

　물론 성적을 기준으로 하자면 이야기가 달라지겠지만, 저는 아들 둘과 자유롭게 소통하고, 서로 아끼고 그리워합니다. 또 부모님이 생존해 계시고 부모님을 내가 모실 수 있는 조건이 되고 내 몸 또한 건강한 이 소소한 것들이 소중하게 보이거든요. 또 거기서 행복을 느끼고 영위하는 나 자신이 괜찮아 보입니다. 이런 '자족감自足感'을 기초로 하여 일상을 탄탄하게 해나가는 것이 또한 큰 성취도 이루게 할 것입니다. 지금 바로 여기를 소중하게 생각하고 잘 관리하는 것이 중요한 것 같습니다.